职业教育财经类专业新课改精品教材系列丛书

财经商贸应用文实训教程

丛书主编　　林云刚
本册主编　　杨汉东
本册副主编　张　莉

電子工業出版社
Publishing House of Electronics Industry
北京・BEIJING

内容简介

本书是一本讲解财经商贸应用文写作技能的教材，根据2012年新颁布的《党政机关公文处理工作条例》和《党政机关公文格式》（GB/T 9704—2012）编写，所选择的内容适用于学生的发展和财经、商贸类专业的实际工作需要。全书包括六大项目，每个项目下又分设若干个任务，每个任务下又设计了任务导入、任务要求、知识准备、范文赏析、任务实施等栏目，从写作格式、写作内容、写作思路、写作方法等方面教会读者写作财经商贸应用文。

本教材主要供中等职业学校财经、商贸类专业的学生使用，也可供五年制高职财经、商贸类专业学生使用，还可作为办公室人员的自学教材和培训用书。

图书在版编目（CIP）数据

财经商贸应用文实训教程 / 杨汉东主编. —北京：电子工业出版社，2013.8
（职业教育财经类专业新课改精品教材系列丛书）
ISBN 978-7-121-15548-2

Ⅰ. ①财…　Ⅱ. ①杨…　Ⅲ. ①经济－应用文－写作－中等专业学校－教材　Ⅳ. ①H152.3

中国版本图书馆 CIP 数据核字（2013）第 169614 号

策划编辑：徐　玲
责任编辑：徐　磊
印　　刷：三河市鑫金马印装有限公司
装　　订：三河市鑫金马印装有限公司
出版发行：电子工业出版社
　　　　　北京市海淀区万寿路 173 信箱　　邮编　100036
开　　本：787×1 092　1/16　印张：15　字数：384 千字
印　　次：2013 年 8 月第 1 次印刷
印　　数：3000 册　　定价：29.80 元

凡所购买电子工业出版社图书有缺损问题，请向购买书店调换。若书店售缺，请与本社发行部联系，联系及邮购电话：（010）88254888。

质量投诉请发邮件至 zlts@phei.com.cn，盗版侵权举报请发邮件至 dbqq@phei.com.cn。

服务热线：（010）88258888。

前　言

随着社会的发展和进步，应用文成了传递信息、组织生产、推广成果、发展科学，以及人们在社会交往、思想交流中使用的重要工具。人们在现实社会里，无论从事何种工作，都离不开应用文。有人把应用文写作能力和英语能力、计算机能力列为当代学生必须具备的三种能力。就经济类专业的中职和高职学生而言，具备较强的财经商贸应用文写作能力是适应职业发展的需要，也是提升自身职场竞争力的需要。基于此，我们在多年教学实践的基础之上探索性地编写了这本教材——《财经商贸应用文实训教程》，以供职业院校财经、商贸类专业的学生学习使用。

本教材的主要特点是：

一、突破了以学科体系为主的传统教材模式，构建了体现职业岗位能力的项目任务式的教材体系。教材编写中以项目任务为载体，以学校生活、工作过程为主线，划分成“基础项目”、“提高项目”、“专业项目”三大部分，再将每个项目分解成若干个具体任务。

二、体例新颖、选文典型，具有可读性和可操作性。教材整体结构采用 “任务导入——任务要求——知识准备——范文赏析——任务实施”五个环节，以案例引领，先理论后实践，由格式到内容，由思路到方法，使学生的财经商贸应用文知识体系逐步形成，最终实现由模仿写作到独立写作的跨越。

三、紧密对接新的《党政机关公文处理工作条例》和《党政机关公文格式》（GB/T 9704—2012），确保教材内容的新颖性和科学性。2012 年 4 月 12 日，中共中央办公厅、国务院办公厅颁布了《党政机关公文处理工作条例》，2012 年 6 月 29 日，中华人民共和国质量监督检验检疫总局、中国国家标准化管理委员会发布了《党政机关公文格式》（GB/T 9704—2012），两个文件均于 2012 年 7 月 1 日起实施。本教材中涉及的公务文书部分是按照新《条例》和新《国标》的规定来编写的，确保了教材内容与时俱进。

本书建议教学课时为 51 学时（17 周×3 课时/周），课时分配见下表。实际教学时可视教学时间和教学对象进行调整。

课时分配建议

教学内容	讲　授	实　践	合　计
项目一　财经商贸应用文基础知识	3	1	4
项目二　常见的校园文书	5	3	8
项目三　常见的财经商贸社交文书	3	3	6
项目四　常见的财经商贸事务文书	5	3	8
项目五　常见的财经商贸公务文书	5	5	10
项目六　常见的财经商贸专业文书	6	8	14
附录 A		1	1
合　计	27	24	51

本套丛书由无锡高等师范学校财经金融系主任林云刚担任主编，本册教材由杨汉东担任主编，由张莉担任副主编，由杨汉东、张莉修改定稿。本书编写的具体分工如下：项目一、项目五、项目六（任务七）由杨汉东编写，项目二、项目六（任务六）由张莉编写，项目四（任务一、二）、项目六（任务一至四）由陈玉英编写，项目三、项目六（任务五）由胡懿编写，项目四（任务三至五）、项目六（任务八）由王海燕编写。本书在编写过程中，得到了无锡高等师范学校郑荣馨、王远东、陈新、陈亮、梅亚萍、殷娴、刘国良、杨华、喻春霞、杨鲁等同志的大力支持和热情帮助，在此一并表示感谢。

本书在编写过程中参考了一些相关资料，引用了一些研究成果，在此一并表示谢忱。由于编写时间仓促、编者水平有限，不足之处在所难免，敬请广大教师和读者多提宝贵意见，以期日臻完善。

本书提供配套学习资源包，可登录华信教育资源网（www.hxedu.com.cn）免费下载。

编　者

目 录

项目一

财经商贸应用文基础知识

项目引领

财经商贸应用文写作能力既是做好财经商贸工作的基本要求，也是从事财经商贸工作人员综合素质的组成部分，更是担任领导职务的必备能力。财经商贸应用文写作能力的提高不可能一蹴而就，它是一个不断学习总结、逐步提高的过程。我们只有平时用心学习，把财经商贸应用文写作理论和工作实践相结合，才能使写作能力逐步得到提高。

项目目标

1. 了解财经商贸应用文的性质、特点和功能；
2. 掌握财经商贸应用文写作中主旨、材料、结构和语言的要求；

3. 能够分析财经商贸应用文的结构形式；

4. 能够正确运用财经商贸应用文的语言。

任务一　走进财经商贸应用文

任务导入

秋风送爽、丹桂飘香，古月同学开始了高职三年级的学习生活，不久她接到班主任王老师布置的一项任务，让她写一篇新学期学习计划。很快，她把新学期学习计划交给了班主任，没想到被老师退了回来。班主任说她写的是散文，不是应用文，不符合规范，那什么是应用文呢？它与文学作品有联系吗？

任务要求

- 了解财经商贸应用文的性质、功能；
- 掌握财经商贸应用文的特点。

知识准备

一、财经商贸应用文的性质

关于“应用文”的性质，学界并无统一、严格的定义，尚需辨析。

《辞海》中指出，应用文是指日常生活或工作中经常应用的文体，如公文、契约、条据等；《现代汉语词典》中对“应用文”一词的解释与《辞海》中的解释相差不大。由此可见，应用文是处理日常生活或工作事务的一种文体，“处理日常生活或工作事务”可以说是应用文与文学作品的最主要区别。

纵观应用文和文学作品，应用文大多有特定的形式或者惯用的格式，而文学作品没有相对固定的格式。

综上所述，所谓应用文是指国家机关、社会团体、企事业单位和人民群众在处理日常生活或工作事务时，经常应用的、具有特定形式或惯用格式的文体。

随着社会的发展，人们在工作和生活中的交往越来越频繁，事情也越来越复杂，因此应用文的功能也就越来越广，种类也越来越多，有日常的私务应用文、法定性的公务应用文、事务性的公务应用文、专业性的应用文等。

财经商贸应用文就是专业性应用文的一种，其概念有狭义和广义之分。狭义的财经商贸应用文，专指各类只为财经商贸工作所用的财经商贸专业文书，是专门用于经济活动的经济应用文书的统称。广义的财经商贸应用文是指国家机关、社会团体、企事业单位、人民群众在财经商贸工作中所使用的各类应用文书的统称，既包括财经商贸专业文书，也包括一些同时在其他领域应用的文书。本书中所指的财经商贸应用文采用的是广义概念。

资料卡

应用文的溯源

我国甲骨文所载内容“卜辞”是应用文的雏形。随着经济社会的发展和国家的产生，我国现存最早保存最完整的文献总集周代的《尚书》中的文告、秦代的制诏谕奏、汉代的表疏律令、魏晋的简牍署书、唐宋的图籍表册、明清的史册文翰都是应用文。

“应用文”一词，最早见于北宋，欧阳修在他的《免进五代史状》中说：“自忝窃于科名，不忍忘其素习，时有妄作，皆应用文字。”

我国历史上，第一次正式提出“应用文”概念的是清代学者刘熙载。

二、财经商贸应用文的特点

财经商贸应用文具有应用文的共性特征。

1. 价值的实用性

“实用性”是应用文区别于其他文章的根本属性。应用文是为解决生活或工作中的问题而产生的，而文学作品是为了抒发情感、反映现实生活、感化教育社会而创作的。

人类的写作活动是伴随着文字的产生而开始的，应用文最初的诞生就是为了实际应用。随着社会的发展和科学技术的进步，它已经成为人们传递信息、处理事务、解决问题、交流经验的一种必不可少的工具，并且在纷繁复杂的社会事务中越来越显现出它的重要性。应用文与我们的生活关系密切，大到国家大事，小到生活琐事，都离不开应用文。例如，国家机关宣传党的政策、指导工作，需要用到行政公文；企事业单位的经营管理，需要用到计划、总结；单位和单位之间的交流合作，需要用到函和经济合同；企业面向社会招聘员工，需要写招聘启事；在个人生活中，想把丢失的东西找回来，需要写寻物启事；想找份工作，那一封求职信可以成为你和用人单位之间沟通的桥梁。

文学作品反映社会生活，有认识社会、娱乐消遣、陶冶情操、提高鉴赏能力等功能，但它核心和本质的功能是教育感化读者。文学作品通过人物形象的塑造、跌宕起伏的情节和激烈的矛盾冲突，在给人们美的享受的同时，使读者能够潜移默化地受到熏陶感染，凭借情感的沟通，激发人们心灵中潜在的向往真善美和追求自由的天性，以使读者体悟人生的真谛，提升精神境界。

2. 材料的真实性

一切文章都要求做到材料的真实，“真实”是文章的生命。但文学作品的真实和应用文的真实是不同的。

文学作品的真实，是指材料的真实，但允许艺术虚构。文学作品中所反映的生活，源于生活又高于生活，不一定是现实生活本身，可以是经过作家加工过的艺术的生活。正如鲁迅先生所说：“作家所写的事迹，大抵有一点见过或听到过的缘由，但决不全用事实，只是采取一端，加以改造，或者生发开去，到足以几乎完全发表我的意思为止。人物的模特儿也一样，没有专用过一人，往往嘴在浙江，脸在北京，衣服在山西，是一个拼凑起来的角色。”

但应用文要求的材料真实，是指文本中所涉及的人和事必须真实可靠、准确无误，也就是说应用文在内容上必须符合客观实际，既不能夸大也不能缩小，不能经过任何艺术加工。

3. 结构的规范性

结构的规范性是应用文区别于文学作品的又一大重要特点。文学作品在结构上没有固定的要求，力戒程式，力求创新，可以说“文无定法”。而应用文的结构有约定俗成或法定使成的规范。

每一种应用文都有它固定的格式。一些应用文在人们长期的实践过程中流传、效仿并形成了社会公认的结构，我们称之为“约定俗成”，如书信、条据等。还有一些应用文的格式是用法规形式加以规定的，我们称之为“法定使成”。例如，2012年7月1日起实施的《党政机关公文处理工作条例》（中办发〔2012〕14号）和《党政机关公文格式》（GB/T 9704—2012）对我国现行的党政机关公文的结构要素和结构形式做了明确的规定。

4. 语言的简约性

这一特点可以说是由“价值的实用性”特点派生出来的。应用文是用来解决现实问题的，因此作者必须使用明了简约的语言将思想观点表达清晰。正如叶圣陶先生在谈公文写作时说：“公文必须写得一清二楚、十分明确，句稳词妥，通体通顺，让人家不折不扣地了解你说的是什么”。

在句式的使用上，为了便于理解，应用文应尽量用单句不用复句，语言朴实、简明，不用象征、隐喻、比拟、暗示、双关、夸张等可能引起读者对文意曲解引申的修辞方式，尽量不用生僻的典故成语，应使用庄重典雅的书面语，少用或不用方言、俚语、歇后语等。

除此之外，财经商贸应用文还具有自身的个性特征。

财经商贸应用文作为专业性应用文的一种，其最大的特征表现为“专业性”，具体体现在内容、语言等几个方面。内容方面，财经商贸应用文主要是以经济活动为主要写作内容；语言方面，财经商贸应用文多采用财经商贸方面的专业术语，如资产、负债、成本、费用、利润、标的、价金等。

资料卡

应用文的分类

应用文分为公务应用文和私务应用文两大类。

公务应用文可以分为通用文书和专业文书两大类。通用文书又分为法定公文（如党政公文、军队公文）和事务文书（如计划、总结、简报、制度、办法）。专业文书可以分为经济文书、法律文书、科教文书等。

私务应用文可以分为书信、传志等。

三、财经商贸应用文的功能

应用文及其写作历史悠久，它始终追随着人类文明的诞生与发展。从它诞生之日起，就确定了其在社会与个体生活中的重要地位。财经商贸应用文作为应用文的一个分支，在我国经济发展的各个时期，都起着十分重要的作用。

1. 计划指导作用

为了将国家的方针政策或单位的规章制度、经营决策贯彻下去，上级单位一般都会以决定、通知等公务文书的形式部署工作，要求收文单位以上级单位的应用文为依据，以应用文的内容为指导，遵照或参照执行应用文的精神，通过实践，将应用文的内容落到实处。在实际工作中，规模较大的集团公司常常以决定、通知、会议纪要、计划等文书来实现决策的落实和管理的实施。

2. 沟通协调作用

现代社会，特别是在经济领域，分工合作尤为紧密，单位之间、个人之间、单位与个人之间的交流沟通十分频繁，财经商贸应用文就是实现有效沟通的工具之一。它在交流信息、联系情感、协商事项等方面起着十分重要的作用，如函、经济合同、条据、申请书、招投标书、经济起诉状等。

3. 规范促进作用

一个单位就是一个小的社会，各种关系错综复杂，协调各方关系、平衡各方利益就显得尤为重要，这也得借助应用文来实现。财经商贸应用文中的许多种类，如规章、制度，都不同程度地规范了人们的行为准则；企业的内部审计报告可以监督检查各部门的经济活动，及时纠正错误，提高经济效率。

另外，企业的主要目的之一是提高经济效益，财经商贸应用文中的招投标书可以推介企业、改善经营；市场调查报告能够为企业决策提供参考依据；企业内部的审计报告可以促使企业内控制度更加健全完善；商品广告可以树立企业的良好社会形象，促进产品或服务的销售。

4. 依据凭证作用

财经商贸应用文记载着每个经济部门各个时期的经济活动，它为一定范围的单位或个人提供了办事的依据。各种票据，是经济活动的基础性工具；各种契约文书，如合同、意向书、招投标书是单位或个人开展正常经济活动的保障，也是处理经济纠纷的重要依据。另外，这些文书的积累，也为经济活动的研究和探索提供了丰富、翔实的第一手资料。

任务实施

想一想

1. 什么是财经商贸应用文？试从性质和特点两个方面进行分析。

2. 请结合《财政部关于推进会计从业资格无纸化考试的指导意见》（书选）一文，谈谈财经商贸应用文具有哪些特点和功能？

财政部关于推进会计从业资格无纸化考试的指导意见

财会〔2008〕16号

中共中央直属机关事务管理局，铁道部（财务司）、国务院机关事务管理局（财务管理司），解放军总后勤部、武警部队后勤部，各省、自治区、直辖市、计划单列市财政厅（局），新疆生产建设兵团财务局：

会计从业资格考试是我国会计人员的准入资格考试，具有基础性强和考生人数众多的特点。

在传统考试模式下，开展会计从业资格考试，通常具有组织难度大、投入成本高、运转周期长等弊端。与传统考试模式相比，无纸化考试能够更加有效地确保考试的客观性、公正性、实时性，具有提高会计管理工作效率、节约考试资源、规范考试管理、方便考生应考等传统考试不可替代的优势，是贯彻落实科学发展观，积极构建节约型政府的有力举措，是会计从业资格考试发展的必然趋势。为此，根据《中华人民共和国会计法》和《会计从业资格管理办法》（财政部令第 26 号），我部决定在全国范围内有序推广和规范会计从业资格无纸化考试（以下简称无纸化考试）工作。现提出如下指导意见：

一、会计从业资格无纸化考试的目标和原则

（一）按照科学发展观要求，争取用 3—5 年的时间，逐步在全国范围内推进无纸化考试工作，提高会计从业资格管理工作效率和水平，进一步规范会计从业资格考试工作，提升考试权威性和公正性，甄选优秀的人才加入会计人员队伍。

（二）开展无纸化考试工作，必须遵循以下原则：

1. "依法开展"原则。（略）

2. "以人为本"原则。（略）

3. "因地制宜"原则。（略）

4. "安全可靠"原则。（略）

二、会计从业资格无纸化考试的具体要求

（三）无纸化考试，是以财政部印发的《会计从业资格考试大纲》为依据、以优化的题库资源为基础、以现代信息技术为手段，通过随机组卷生成无纸化考试试卷（包括会计基础、财经法规与会计职业道德和初级会计电算化）进行考试，并及时生成考试成绩，集考试报名、试卷生成、上机考试、阅卷、成绩生成、合格证（单）打印等为一体的、多元化、新型的会计从业考试管理模式。

（四）系统的建设与维护。（略）

（五）题库的开发建设。题库中题目的类型可以是单选题、多选题、不定项选择题、判断题、计算题、案例题、情景题等，其中，单选题、多选题、不定项选择题的各选项在组卷时，应能做到随机排列出现。

（六）考试报名工作的安排。

采用现场报名方式的，报名现场应当配备具有直接读取二代身份证或其他有效证件存储信息功能的设备、采集考生影像的设备和采集考生指纹信息的设备等，增强考生信息录入的准确性，加强对考生信息的审核程序，有效杜绝可能发生的舞弊行为。

采用网上报名方式的，应当在网上报名页面上告知网上报名具体流程，具备网上申请、图片数据上传、网上审核、在线支付、准考证下载打印等功能。同时，各会计从业资格管理机构应当加强对考生网上报名信息的审核程序，采取现场复核考生身份信息、现场采集考生指纹信息、现场核对考生影像等有效方式核实考生报名信息的真实性，有效杜绝可能发生的舞弊行为。

（七）考试费用的确定。（略）

（八）考试周期。在确保考生考试权利的基础上，各会计从业资格管理机构应当根据本地区、本部门、本系统的无纸化考试考场数量和考生数量，合理确定无纸化考试周期。

……

（十一）电子试卷的生成、下载、发放和成绩判定。电子试卷应由无纸化考试系统随机生成。各地会计从业资格管理机构应当严格控制无纸化考试电子试卷的生成、下载和发放。规定的考试结束时间到达后，考试系统应能立即强制中止考试并收卷。考生成绩应由考试系统自动判定生成。

……

三、会计从业资格无纸化考试的组织领导

（十四）无纸化考试工作按照会计从业资格管理体制进行归口管理。

财政部统筹领导全国无纸化考试工作。按照《会计法》、《会计从业资格管理办法》的要求，提出无纸化考试指导性意见，督促、协调、检查各地会计从业资格管理机构无纸化考试工作，并负责全国会计从业资格信息化管理接口建设等工作。

财政部

2008 年 12 月 18 日

议一议

3．你喜欢财经商贸应用文吗？说说理由。

4．自己搜集一篇财经商贸应用文，分析财经商贸应用文与文学作品的区别。

5．采访你身边的亲戚朋友，结合自己所学专业，谈谈学习财经商贸应用文的重要性。

任务二　探析财经商贸应用文的内容要素

任务导入

接触财经商贸应用文不久，古月同学觉得学习该课程非常实用。那么该如何构思一篇财经商贸应用文呢？其主旨、材料、结构和语言的写作与文学作品又有何区别呢？

任务要求

- 了解财经商贸应用文的内容要素；
- 理解主旨、材料、结构和语言的概念；
- 能够掌握并分析财经商贸应用文的结构要素和结构形式。

知识准备

一、财经商贸应用文的内容要素

一篇完整的财经商贸应用文，一般由主旨、材料、结构和语言四个内容要素构成。主旨，主要是解决言之有理的问题；材料，主要是解决言之有物的问题；结构，主要是解决言之有序的问题；语言，主要是解决言之有法的问题。

二、主旨

1. 主旨的概念

财经商贸应用文的主旨是财经商贸应用文的作者撰写文章的目的和观点。它是全文的灵魂和统帅，它决定着文章价值的大小，决定着材料的取舍和使用，统领着结构的安排，制约着语言的运用。

俞国瑞、彭光芒主编的《实用写作》中指出，主旨是一个系统，它有“篇旨”、“段旨”、“句旨”等子系统，且这些系统又具有一定的层次，低层次的主旨服务于高层次的主旨，如句子的主旨服务于段落的主旨，段落的主旨服务于全篇的主旨。

寻物启事

本人于2013年5月8日中午丢失一个黑色“DUBAODULU”牌单肩挎包，内有上海市永信惠达贸易有限公司公章、财务章、税务登记证、53张增值税发票、1个棕色钱包（内有身份证、驾驶证、招行卡、公交卡）。本人万分焦急，如有捡到或提供线索者，希望能与我联系，当面重谢。联系人：李存，联系电话：13900000000。

李存

2013年5月9日

上面这则寻物启事，标题是全文主旨的高度概括，统帅全文。第一句紧承标题，明确了遗失物品的时间、特征等具体情况；第二句表明了寻物心切及对成功帮寻者的承诺；最后，提供了自己的联系方式。这样的安排符合读者的阅读习惯，也有利于自己成功寻物。

2. 主旨的类别

从实际情况来看，主旨有以下两种类型。

（1）思想型主旨

这类主旨具有明确的倾向性，对财经商贸工作的情况或问题提出了明确的观点和意见，制定相应的措施、办法。大多数财经商贸应用文主旨属于这一类。

（2）信息型主旨

这类主旨只对财经商贸工作的情况或问题进行客观说明，不需要表明观点或态度，如简报、会议记录等，其目的是沟通信息、传递情况，而不表明写作意图。

3. 主旨的要求

与文学作品相同，财经商贸应用文的写作也必须“主旨先行”、“意在笔先”，但财经商贸应用文主旨的确定者和财经商贸应用文的实际写作者常常不是同一人，也就是说财经商贸应用文的实际写作者与主旨之间往往是间接关系。因此，财经商贸应用文的实际写作者在主旨上不需要发挥其主观能动性。基于此，财经商贸应用文的主旨有其特殊要求。

（1）正确

财经商贸应用文的主旨，必须真实地反映领导的意图，准确反映客观事实，切忌妄加猜测、主观臆断。同时，财经商贸应用文的主旨还必须符合党和国家的方针、政策，遵循国家的法律、法规，如某会议通知中写道“各单位要高度重视，不得缺席，否则停业处理或取缔”，这一句显然不符合我国的法律法规。

（2）鲜明

文学作品的主旨要求含而不露，但财经商贸应用文的主旨必须鲜明直白。文章对事情或问题的认识、评价必须十分明确。主张什么、反对什么、应该怎么做、不应该怎么做等，要让读者一目了然，最大限度地提高财经商贸应用文的效用。

（3）集中

财经商贸应用文的主旨要集中，要围绕一个问题、一项工作，集中力量阐述。因此，财经商贸应用文的写作常常遵循“一文一事”的原则。

三、材料

1. 材料的概念

财经商贸应用文的材料，是指财经商贸应用文的写作者为完成写作、实现自己写作意图，从实际工作中搜集、提取的一系列事实现象和理论依据，一般包括人、事、数据、法规和政策等。

财经商贸应用文的材料是财经商贸应用文确立主旨、形成观点的依据，也是支撑主旨的基石。因此，在实际工作中，选择和运用材料就显得尤为重要。

2. 材料的分类

财经商贸应用文中使用的材料，根据其性质，可分为事实材料和理论材料；根据其来源，可分为直接材料和间接材料；根据其存在的时间，可分为历史材料和现实材料；根据其在文章中的作用，可分为正面材料和反面材料；根据其表现形式，可分为文字材料和数字材料。

以上材料的分类，只是形式上的、相对的分类。实际写作中，材料是较为丰富的，不能完全将其区分开来。这样的分类，只是为我们选择和运用材料提供一定的视角和思路。

3. 材料的选择

材料的选择应遵循以下原则：

① 切旨。凡是与主旨有关，并能很好表现主旨的材料，就选用；凡是与主旨无关或似是而非的材料，就舍弃。对已经选定的材料，根据主旨需要决定详略。

② 真实。财经商贸应用文中涉及的人和事必须确有其人，真有其事，符合实际情况，不能杜撰，也不能夸大或缩小；引用的理论材料也必须认真核对，绝不能出错。

③ 典型。典型是指材料所具有的代表性和普遍意义，能起到以少胜多，以一当十的作用。选材贵在精，精就精在“典型”上。

④ 新颖。一是新近发生的、鲜为人知的、别人未曾使用过的材料，如新人、新事、新方针、新政策、新数据、新问题等；二是虽为人知却因变换角度而具有新意的材料。

4. 材料的运用

选好材料之后，要正确运用。

① 量体裁衣，决定取舍。多数材料作为写作的依据，虽然通过了挑选，但实际写作过程中还是要取舍的。量体裁衣是指根据财经商贸应用文的体裁不同，对选定

的材料进行不同的剪裁加工。

② 主次分明，详略得当。使用材料时，能直接说明和表现主旨的，应置于主要地位；配合或间接说明、表现主旨的，应置于次要地位。核心材料，要注意详尽；过渡材料、交待性材料，要相应从略；读者感到生疏或难以把握的材料应详，读者所了解或容易接受的材料可从略。

③ 条理清晰，排好顺序。对已选定的材料，应根据事物发展的过程、人们的认识规律或材料之间的逻辑关系排好顺序，将各种不同类型的材料合理搭配，有条不紊地写出来。

大多数财经商贸应用文，可选择若干材料，从不同角度、不同层次，阐明主旨。写作过程中，将同类型的材料结合使用，可以优势互补，提高整体表达效果。常用的结合方式有理论材料与事实材料结合，具体材料与概括材料结合，文字材料与数字材料结合。

四、结构

1. 结构的概念

结构是指文章内部的组织和构造，是作者按照主旨的需要，对材料所进行的有机组合和编排，又称“谋篇布局”。文章的结构具有两重含义：一是宏观结构，即文章的总体构思、大体框架；二是微观结构，即对财经商贸应用文标题、缘起、过渡、展开、结束、落款的具体设计和安排。本书只就微观结构而言。

财经商贸应用文在长期的写作实践过程中，大都形成了比较固定的结构形态，也叫“程式”或“模式”，一般由开头、主体、结尾三个大的部分组成。

2. 结构安排的原则

① 要服从表现主旨的需要。主旨是作者写作目的、意图的体现，结构必须服从主旨的需要，为表现主旨、突出主旨服务。例如，怎样安排缘起与结束、怎样划分层次与段落、怎样设置过渡与照应、怎样确定主次与详略等，都要围绕主旨进行。这样，才能使文章组成一个严谨周密、内容形式统一的有机整体。

② 要正确反映客观事物的发展规律和内在联系。财经商贸应用文是对现实生活、客观事物的反映，客观事物总有一个发生、发展、结局的过程，作者对它的认识也应遵循一定的规律。这种规律性，也就表现为文章结构的基本形式。

3. 结构安排的要求

① 严谨自然。这是指财经商贸应用文的结构应当严密，顺理成章。文章应思路

清晰、思维严密，以主旨贯穿全文始终，不枝不蔓；层次段落的划分要恰当，组织严密、联系紧凑、脉络畅通、行止自如；过渡和照应要自然，不能刻意雕凿，更不能牵强拼凑。

② 完整匀称。这是指财经商贸应用文各部分要配置齐全、比例协调、详略得当、完整合理、重点突出，符合格式要求，如财经商贸应用文一般都有开头、主体和结尾三部分，三部分的比例要协调，主体要内容充实，不能虎头蛇尾或尾大不掉；对并列内容的处理，要注意处理好详写和略写的关系，以保证结构的完整和匀称，使之浑然一体。

③ 清晰醒目。大多数财经商贸应用文不要求行文曲折波澜，而要求纲举目张、清晰醒目，以便读者把握要领或贯彻执行，所以常采用分条列项式、加小标题等形式。这在一些公文、经济合同、审计报告中较为明显。

4. 结构的内容

（1）标题

俗话说“秧好半年禾，题好文一半”，标题是财经商贸应用文的眼睛。常见的标题形式有以下几种：

① 公文式标题。

公文式标题主要包括“发文机关单位”、“事由”、“文种”三要素，其中“事由”和“文种”是最基本的要素。若三要素俱全，我们称之为“完整式标题”，如《无锡市工业学校关于举办第23届校园文化艺术节的通知》；若只有“事由”和“文种”，我们称之为“准齐式标题”，如《关于国庆放假安排的通知》。

② 文种式标题。

这类标题只写文种名称，如求职信、起诉状、借条、证明信、启事等都可以直接用文种作为标题。特别强调，公务文书一定不能使用这类标题。

③ 文章式标题。

文章式标题一般是用一句话或几个字概括文章的主旨，如《创新机制 锻造队伍 提升效能》。

④ 新闻式标题。

从构成形式看，新闻式标题可以有单标题、双标题（即正题和副题、引题和正题）和三标题（即引题、正题和副题）三类。正题一般揭示文章的主题或提示重要事实。引题一般用来交代背景、烘托气氛，引出正题。副题一般用来补充说明情况或说明正题。

例如，2013 年 6 月 15 日，中国国家男子足球队 1:5 输给以国奥队为班底的泰国国家男子足球队，有一报纸新闻标题就采用了双标题，引题为“国足 1:5 不敌泰国”，正题为“脸是这样丢的！”

某物业公司开展全员节约活动取得明显效果后，集团公司要求该公司上报经验材料，以便在全集团推广。这个经验材料的正题就可以拟为“挖潜增效大有可为”，副题为“某物业公司开展全员节约活动情况总结”。

（2）开头

开头是全篇文章的第一步，可以起到统领全篇，展开全文的作用。常见的开头方式有以下几种：

① 目的式，就是将写作的目的和意义直接说明。一些公文常用这种方式，常用介词“为”、“为了”领起。

② 依据式，就是开头阐明撰文的根据，包括理论依据和事实依据。或引据法律、政策和规定，或引据事实和问题。

事实依据常用“××××年×月×日”、“最近一段时间以来”、“多年来”等时间概念的词领起，以具体有力的数据或事件交代出行文的必要性、针对性。理论依据常用“根据”、“按照”、“遵照”等词领起下文。

③ 原因式，就是以交待行文的原因作为开头，常用“由于”、“因”、“鉴于”等引出原因或简述某种情况作为原因。

④ 概述式，就是在开头部分对财经商贸应用文内容的背景、基本情况、主要内容加以概述。采用这种方式，能起到提纲挈领的作用，综合性工作报告、总结常采用这类开头方式。

⑤ 结论式，就是将结论、结果先作交待，再由果溯因。

⑥ 提问式，就是开篇提出问题，然后引起下文，常见于调查报告的写作。

⑦ 引述式。一般引述来文的标题和文号（顺序不能颠倒），以此作为撰文的依据，其常见结构形式为“××单位《关于×××××的××》（×〔××××〕×号）收悉”，如批复、复函、答复报告等常用这种方式开头。

（3）层次与段落

层次是文章中作者表达主旨的阶段和次序，是文章内容展开的次序。层次体现了事物发展的阶段，是问题的各个侧面和作者思维的过程，又称为“意义段”、“逻辑段”、“章”、“节”等。段落，又称“自然段”，是组成文章，表达思想最基本、最小的单位。段落的形式是层次的再分割，是文章意思的间歇或转换，以换行为标志。两者有明显的区别，层次侧重于内容的划分，段落侧重于文字形式的表现。有时一个段落恰好是一个层次，有时几个段落表现一个层次或一个段落内有几个层次。常见的层次有两种模式。

① 纵式，即思路纵向展开的结构方式。具体有两种类型：时间顺序式和逻辑顺序式。前者是按照事物的生产流程、事情或事件的发展过程或时间的先后顺序安排层次。需要注意的是，采用这种结构方式，不能事无巨细地记流水账，要抓住事物发展的关键环节。逻辑顺序式是按照事理内在的逻辑顺序安排层次。这种逻辑关系表现为现象—本质，原因—结果，宏观—微观，个别—一般等。以这样的关系为序、环环相扣、层层递进地安排结构，就是逻辑顺序式，大多数财经商贸应用文都是采用这种结构方式。例如：

国务院批转发展改革委关于2013年深化经济体制改革重点工作意见的通知

国发〔2013〕20号

各省、自治区、直辖市人民政府，国务院各部委、各直属机构：

国务院同意发展改革委《关于2013年深化经济体制改革重点工作的意见》，现转发给你们，请认真贯彻执行。

国务院

2013年5月18日

上文正文中，从“同意”到“转发”，再到“执行”，这些词有明显的时间先后顺序，所以该文的段落内的几个层次是纵式关系，文件内容十分清晰。

② 横式，即思维横向发展的结构方式。在表现形式上，横式把整体划分为若干相对的层次，各层次之间互不交织、平等并列，从不同方面或角度共同揭示了事物的整体面貌和主旨，或按照空间方位的变换，或按照材料的不同性质和类型，或按照问题的不同侧面等。这种结构形式，在财经商贸应用文写作中运用得也较为广泛，调查报告、总结、会议纪要等均可采用。例如：

国务院办公厅关于做好2013年全国普通高等学校毕业生就业工作的通知

国办发〔2013〕35号

各省、自治区、直辖市人民政府，国务院各部委、各直属机构：

普通高等学校毕业生（以下简称高校毕业生）是国家宝贵的人才资源。做好高校毕业生就业工作，关乎经济发展、民生改善和社会稳定。2013年，全国高校毕业生就业总量压力继续加大，结构性矛盾十分突出，就业任务更加繁重。党中央、国务院高度重视高校毕业生就业工作，要求采取切实有效的措施，进一步做好高校毕业生就业工作。经国务院同意，现就有关问题通知如下：

一、深入落实高校毕业生就业政策（略）

二、拓宽高校毕业生就业渠道（略）

三、鼓励高校毕业生自主创业（略）

四、加强高校毕业生就业服务（略）

五、开展就业帮扶和就业援助（略）

六、大力促进就业公平（略）

七、推动高等教育更好地适应经济社会发展需要（略）

八、加强高校毕业生就业工作组织领导（略）

各地区、各有关部门要按照本通知精神，抓紧制定实施办法，切实抓好贯彻落实。

国务院办公厅

2013 年 5 月 16 日

上文中，国务院办公厅围绕做好高校毕业生就业工作提出了八项切实可行的措施，这八项措施是沿着横向展开的，各项措施呈并列关系。

（4）过渡与照应

过渡是指层次与段落之间的衔接与转换，它在文章中起着承上启下、穿针引线的作用。照应是指文章内容的前后呼应和关照，它可以使文章结构周密严谨、浑然一体，还能使某些关键内容得到强调，突出主旨。

一般情况下，当内容由总到分或由分到总时、意思转换时，以及表达方式变化时，需要安排过渡。过渡的形式有段落、句子或词语。若上下文空隙大，转折也很大，则常用过渡段连结。若上下文空隙小，则多用提示性的句子连结，如公文中，常用“特作如下通告”、“现将有关事项通报如下”、“为此，特制定本条例”等作为过渡。

在财经商贸应用文中，常用的照应方法有以下几种：

① 文题照应，即指在行文中照应标题，对主旨加以强调、提示，如大多数公文标题中都包含着“事由”，文章内容自然要与标题相照应。

② 首尾照应，即在文章的结尾处，把开头交待的事或提出的问题再次提起，有的进一步加以概括、归纳、补充，如经济论文、总结、调查报告等。

③ 文中照应，即文章自身前后内容间的照应，如某些细节和问题在行文中不断被提起，这样能强化印象，更好地实现作者的表达意图。

（5）结尾

结尾是全文的收束和结局，能帮助读者加深认识、把握全篇，达到预期的写作目的。常见的结尾方式有以下几种：

① 惯用语，就是在结尾处，采用特定的用语结束全文。例如，条据常用“此据”结尾，通知常用“特此通知”结尾，请示常用“妥否，请批复”结尾。

② 希望要求式，就是在结尾部分提出希望，发出号召，并明确要求，如通报、求职信。

③ 总结归纳式，指在主体写完后，对全文的主旨进行简要的概括，总结全文，如总结、报告、经济论文。

④ 自然收尾式，就是在主体部分写完之后，事尽言止，自然收结。

（6）落款

落款包括署名和日期两个部分。署名主要是写明作者的姓名或写作单位的名称；日期要求写明年月日。根据《党政机关公文格式》（GB/T 9704—2012）规定，党政公文的日期统一用阿拉伯数字将年、月、日标全，年份应标全称，月、日不编虚位（即 1 不编为 01）。因此，所有财经商贸应用文写作日期均可使用阿拉伯数字书写，如“2013 年 9 月 10 日”。

五、语言

1. 财经商贸应用文的语言

语言是人类思维的工具和重要的交际工具，也是表达思想、进行写作、构成文章的物质手段。财经商贸应用文的实用性，决定了其语言必须有特殊的要求。

① 准确。财经商贸应用文的语言必须符合文字本身的逻辑，用词用语意思准确，不产生歧义，不引起误会。在某些特定的语境条件下，可以使用模糊语言，如“各部门”、“部分地区”、“当前”、“再三强调”，使语言表达更贴近客观事实，同样可以取得准确的效果。

② 得体，就是要言行得当，恰如其分。遣词造句要符合行文的文体和语体风格的需要，如上行文，用语要尊重、简约；平行文的语言要谦虚、诚恳。

③ 简约。财经商贸应用文不用文学描绘的笔法行文，不兜圈子，不绕弯子，要用较少的文字表达清楚较丰富的内容，做到文约意丰。写作中，常常使用“简称”和“统括”的语言形式。“简称”又称“压缩”，如“中国共产党中央委员会”写成“中共中央”，“董事长秘书”写成“董秘”；“统括”又称为“抽取”，如“定产量、

定成本、定利润”写成“三定”，“以经济建设为中心，坚持四项基本原则，坚持改革开放”写成“一个中心，两个基本点”。

资料卡

模糊语言

模糊语言，作为一种弹性语言，是指外延不确定、内涵无定指的特性语言。与精确语言相比，模糊语言具有更大的概括性和灵活性。这种概括性与灵活性集中反映在语言外延上。

模糊语言具有两重性特点，即在本质上是明确的，在表象上是模糊的；在定性表述上是肯定的，在定量表述上是变化的；在内容上是确指的，在形式上是灵活的。

例如，各单位、有些地方、当前、今后、及时、有些、广泛、普遍、重大、不少、再三、多次等。

2. 财经商贸应用文的表达方式

常见的表达方式有叙述、说明、议论、描写、抒情，但财经商贸应用文常见的表达方式只有三种，即叙述、说明、议论。

（1）叙述

叙述，指的是把人物的活动、经历和事件发展变化过程交代出来的一种表达方式。在财经商贸应用文写作中是最基本、最常用的表达方式。

应用文写作中叙述的人称，有第一人称（“我”、“我们”）和第三人称（“他”、“他们”）。使用第一人称“我”、“我们”系指作者本人，或作者所代表的群体、单位，如书信、请示、报告、总结等文体的写作，多用第一人称。有时，为简要起见，常使用无主句。有的应用文体，如新闻报道、调查报告，为表明作者立场客观、公正，传播的信息真实、可信，常采用第三人称写作。

财经商贸应用文中记叙事件的发展过程，介绍单位的基本情况，一般都是按顺叙，即时间先后为序来叙述。倒叙、插叙、分叙等用得较少，只在新闻、调查报告的写作中才用得上。

应用文中的叙述要力求真实、准确，不带主观感情色彩，线索清晰、表述完整，以概述为主，尽可能用概括的语言说出其前因后果、来龙去脉，使读者了解其梗概。

（2）说明

说明，就是用简明扼要的文字对事物、事理及人物进行解说的表达方式。目的是使读者对事物的形态、构造、成因、性质、种类、功能，对事理的概念、特点、来源、演变、关系等有一个鲜明的了解和认识。

说明在财经商贸应用文中使用广泛，如介绍信、商品广告等。其他文体如经济合同、起诉状等，也常常借助说明的方法解释事理，剖析事理。

说明的方法多种多样，有下定义、分类别、举例子、列数字、图表说明等。

（3）议论

议论，即议事论理，是运用事实材料和理论材料进行逻辑推理阐明观点的一种表达方式。它的主要特点是证明性，即通过摆事实、讲道理，或证明自己观点的正确，或驳斥对方观点的错误。

在应用文写作中，议论经常使用。调查报告、总结、通报、经济起诉状、经济答辩状等文体，经常在叙述事实、说明情况的基础上，用议论来表明对人物、事件、问题的评价。

应用文写作中的议论，与一般议论文中的议论有明显的区别。一般议论文中，议论是最主要的表现方法，贯穿全文始终，论点、论据、论证三要素齐备。而在应用文写作中，最主要的表达方式是叙述和说明，议论居于从属的地位，一般只是在叙述、说明的基础上进行。另外，应用文的议论，一般也不需要进行长篇大论，不需作复杂的多层次的逻辑推理，也不一定具备论点、论据、论证这样一个完整的议论过程，而只是在需要分析论证的地方，采取夹叙夹议的方法，或采取三言两语的方式，点到即止，不作深入论证。

运用议论要注意，一要庄重，对任何事物的评价要实事求是，以理示人、以理服人；二要明快，要直截了当地阐明观点，不拐弯抹角，不回避矛盾。

任务实施

练一练

1．下列属于模糊语言的是（　　）。

A．有些地方　　B．长期以来　　C．基本完成　　D．贵局

2．下列应用文成文日期书写正确的是（　　）。

A．13 年 11 月　　B．2013 年 11 月

C．11 月 10 日　　D．2013 年 11 月 10 日

3．请分析下列材料的类型及开头方式。

（1）2012 年，财务部紧紧围绕集团公司的发展方向，在为全公司提供服务的同时，认真组织

会计核算，规范各项财务基础工作。站在财务管理和战略管理的角度，以成本为中心、资金为纽带，不断提高财务服务质量。现将一年的工作总结如下。

（2）为加强对第一次全国地理国情普查的领导，根据《国务院关于开展第一次全国地理国情普查的通知》（国发〔2013〕9 号），国务院决定成立第一次全国地理国情普查领导小组（以下简称领导小组）。

（3）近期，接连发生四川省泸州市泸县桃子沟煤矿“5·11”重大瓦斯爆炸事故、保利民爆济南科技有限公司“5·20”特别重大爆炸事故、吉林省长春市宝源丰禽业有限公司“6·3”特别重大火灾事故等多起重特大事故，暴露出一些地方和企业安全意识淡薄，隐患排查治理不认真，安全责任不落实，安全监管不到位，打击非法违法和治理违规违章行为不得力等问题。为深刻吸取事故教训，切实加强安全生产工作，经国务院同意，定于2013年6月至9月底，在全国集中开展安全生产大检查。

（4）你公司《关于直接接触药品工作人员体检有关问题的函》（粤食药监函〔2012〕10 号）收悉。经研究，现函复如下。

4．层次是文章中作者表达主旨的阶段和次序，是文章内容展开的次序。试分析《××公司财务部工作总结》（节选）的层次模式？

通过总结，我们有几点感触：

一是要发扬团队精神。因为公司经营不是个人行为，一个人的能力毕竟有限，如果大家拧成一股绳，就能做到事半功倍。但这建立在每名员工具备较高的业务素质、对工作的责任感、良好的品德基础之上，否则团队精神就成了一句空话。那么如何主动发扬团队精神呢？具体到各个部门，如果你努力的工作，业绩被领导认可，势必会影响到你周围的同事，大家以你为榜样，你的进步无形地带动了大家共同进步。反之，别人取得的成绩也会成为你不断进取的动力，如此产生连锁反应的良性循环。

二是要学会与部门、领导之间的沟通。公司的机构分布就像是一张网，每个部门看似独立，实际上它们之间存在着必然的联系。就拿财务部来说，日常业务和每个部门都要打交道。与部门保持联系，听听它们的意见与建议，发现问题及时纠正，这样做一来有效地发挥了会计的监督职能，二来能及时把信息反馈到领导层，使工作从被动变为主动。

三是要有一颗永攀高峰的进取之心。随着社会的不断发展，会计的概念越来越抽象，它不再局限于某个学科，在金融、税务、计算机应用、公司法、企业管理等诸多领域都有所涉及。这就给我们财务人员提出了更高的要求——逆水行舟，不进则退。如果想在事业上有所发展，就必须用知识武装自己的头脑，以适应优胜劣汰的市场竞争环境。通过对税务筹划的学习，我们提高了每月纳税申报工作的质量，并且熟练掌握了统计局、财政局、税务局各项报表的填制工作。

项目二

常见的校园文书

项目引领

在日常学习生活中，同学们需要掌握基本的应用文知识来应付正常的学习交往，良好的应用文素养可以为你和谐处理日常关系添砖加瓦，具备常用的应用文知识已成为现代人才不可或缺的要素。

项目目标

知识目标：

1. 了解请假条、演讲稿、求职信、主持词、新闻等校园文书的性质；
2. 掌握校园文书写作的基本要素。

技能目标：

1. 能够形成校园文书写作的思路；

2. 能够独立开展校园文书的写作。

任务一　撰写请假条

任务导入

无锡市工业学校财务管理专业三年级4班古月同学因急性肠胃炎需要向班主任李老师请假两天，古月让自己的好朋友木子将请假条交给李老师。李老师是个非常严格的班主任，曾经对请假条的格式和内容三令五申，因此古月打算认真地写这份“请假条”。

任务要求

- 了解请假条的性质和特点；
- 掌握请假条的写作思路和提纲；
- 能够独立写作请假条。

知识准备

一、请假条的性质

请假条是条据的一种。条据是人们日常生活、工作中常用的应用文体。它以较少的文字、简便的形式，在工作生活中起着互通信息的作用，充当办理事情的凭证和依据。因病因事不能按时上班或上课，不能按时参加某项活动，必须写条据向有关负责人请假，这就是请假条。请假条一般由本人书写，必要时也可以由他人代写。

二、请假条的分类

请假条有两种类型。

① 第一人称书写，主要用于个人在因事因病的情况下向负责人说明情况。

② 第三方代写，主要用于第三方代当事人在因事因病的情况下向负责人说明情况。

三、请假条的结构与写作

请假条的结构包括标题、称呼、正文、落款四部分。

1. 标题

标题即为“请假条”三个字，写于第一行正中间。

2. 称呼

在第二行顶格写明向谁请假。称呼可以根据双方熟悉的程度来写，如“老王”、“马主任”、“大哥”、“赵老师”等。一般请假多为向顶头上司或老师请假。具体写法是在姓的后面添上职务，如“李老师”，“王科长”等称呼后面一定要有冒号。

3. 正文

请假条的正文要包含请假的缘由、请假的起止时间和结尾三项内容。

（1）请假的缘由

请假缘由在称呼之后另起一行空两格开始书写。缘由应当具体清晰。

写作这部分时，采用记叙的方式将前因后果交代清楚即可。不能过于简单模糊，也不可过于夸张渲染。若有佐证材料，如医院证明，可以将其作为附件列于落款之下，但必须在附件说明处注明附件的名称及数量。

（2）请假的起止时间

这部分的内容应当明确，要使用确数而不能采用约数，因为这将会影响对方工作上的考虑和安排。此外，时间超过三天的假条建议在结尾部分附上相关证明材料。

（3）结尾

结尾的常用结束语有“请予准假”，“特此请假”，“此致敬礼”等。

（4）落款

落款部分应在右下方署上请假人姓名或代请人姓名，姓名下方标注请假日期。

范文赏析（一）

请假条

李老师：

我因饮食问题上吐下泻，经医生诊断为急性肠胃炎，特向您请假两天。请予批准！

此致

敬礼！

附件：无锡市人民医院医疗证明单 1 份

学生：古月

2013 年 4 月 20 日

简评：该范文属于第一人称书写型请假条。

标题居中，称呼顶格，并在其后加上冒号，正文写明了请假缘由和请假天数，请假缘由详略得当。本文还附有相关证明，因此，在结尾后、落款前，写了附件说明，交代了附件的名称和数量。范文用语清晰，事实交待明了，体现了请假条的基本写法。

范文赏析（二）

请假条

王主任：

我邻居李云辉先生因他母亲急病住院，需人照料，特地托我代为请假，请予准假两天。

此致

敬礼！

小辉邻居：陈 浩

2013 年 3 月 13 日

简评：该范文属于第三方代写型请假条。

这篇范文是在当事人临时有突发情况下无法亲自请假而委托他人代写的假条。第三方在代写时必须交代清楚当事人请假的事由，去向，请假天数。落款时一般以第三方的名义署名，写明第三方与当事人的关系。

请假条写作的参考模板：

请假条

×××：

请假缘由（起因、经过、结果）

请假天数（具体几天）

结尾（请予准假）

×××××

××××年×月×日

任务实施

练一练

1．根据下面几则材料，拟写请假缘由。

（1）周涛因从小患有慢性肝炎需定期前往医院复查病情，他决定明天去市第一人民医院检查身体，因此不能去学校上课了。

（2）董婉本要参加下午的部门人事会议，但因自己的客户光华集团有限公司李总突然要来洽谈合作项目，因此她需向部门负责人请假。

改一改

2．找出并修改请假条中的几处错误。

请假

王老师

我妈妈因病住院，我不能来上课，请准假。谢谢！

学生：李红

2013 年 3 月

写一写

3．无锡市工业学校财务管理专业二年级 4 班的木子同学因淋雨感冒，经医生诊断感染肺炎，需要请假两周。由于木子病情严重，故由木子的好朋友古月代写请假条并交给班主任。请以古月的身份写一张请假条，要求各要素完整。

4．假如你是李华，高韵是你邻居。她昨晚发烧并咳嗽得很厉害，一直到半夜才入睡。今天早晨她父母请你代高韵写一张请假条交给她所在光华集团有限公司的人事部经理王经理。今天的日期是 2013 年 6 月 18 日。请完成这份请假条。

任务二　撰写申请书

任务导入

古月是个多才多艺的女孩子，她进入无锡市工业学校后就一直在文艺部工作。凭借着她的才情，她在校学生会担任了文艺部副部长的职务。临近元旦，学校决定要为全体同学呈上饕餮盛宴——由各班的文艺佼佼者汇集而成的文艺表演。学生科老师希望本次的总策划在学生代表中产生，古月知道后异常兴奋。她渴望由舞台上的演员转向幕后的导演，也想借机锻炼自己的组织能力，为此，她需要向学生科陈老师递交一份申请书。

任务要求

- 了解申请书的性质及特点；
- 掌握申请书写作的内容要素、思路及注意事项；
- 能够根据需要独立完成申请书的写作。

知识准备

一、申请书的性质及特点

申请书是个人或集体向组织、机关、企事业单位或社会团体提出愿望并期望得到批准的一种书信文体。

申请书是向上级机关反映问题、表达心声的有效手段，也是沟通上下、协调关系、提高工作效率的好办法。它具有单一性、请求性的特点，一般一事一信，即一份申请书只提一个请求。此外，申请书是为了解决某个问题或者达成某个心愿而提出的，因此语言应当符合请求的特性，语气平和、态度诚恳。

二、申请书的分类

申请书广泛用于各行各业，种类较多，一般按照申请的内容，申请书可以分为以下三类：

① 请求加入某一组织成为其中的一员，如个人入党、入团、入会、参军等。

这类申请书与普通书信结构基本相同，先说明申请事项，后写明申请理由，最后摆明自己的决心和态度。

② 请求组织帮助解决问题，如房屋拆迁、调动工作等。

这类申请书的重点是放在理由的申述上，理由要具体充分、情理兼备、态度真诚、语言简明。

③ 请求任务或要求某种权利，如专利申请、活动负责等。

这类申请书应当以事实说话，讲清自己的情况，说明理由，以鲜明的理据来说服对方。

资料卡

申请书写作注意事项

申请书不管是个人还是单位的，都是下对上，没有平行，更没有上对下的，就行文方向看，它属于上行文。

（1）充分考虑有无申请的必要，自己是否具备申请的条件。

（2）一文一事，一事一中心，若有多件事，请另行行文。

（3）避免面面俱到，提出主要申请理由，务使对方了解自己的意愿。

（4）注意用语的分寸感，切忌夸大事实或阿谀奉承。

（5）请求合情合理，把握时机。

三、申请书的结构与写作

申请书的结构一般包括标题、称谓、正文、落款等四个部分。

1. 标题

申请书的标题一般有两种写法，一是直接写“申请书”三字，另一种则是使标题明确，在申请书前加上申请事项，如“入团”、“贷款”、“科研项目申报”等。无论何种形式都须居中书写，字号加大。

2. 称谓

顶格写明接受申请书的单位、组织或者领导。申请书的称谓一般只有一个，在标题下另起一行，在负责的组织或者领导后面加冒号，如“××团支部：”、“××市教育局：”等。

3. 正文

正文必须包括三个部分：申请事项、申请缘由、申请人的决心和态度。

① 申请事项：这一部分可以开门见山地提出自己的意愿，也可以委婉地引出自己的申请要求。尽量做到简明扼要、明白易懂，不要含糊其辞。

② 申请缘由：根据自己申请的事项提出申请的理由，或写出自己的思想变化过程，或列出自己的实际情况，或讲明自己的主观条件。理由应当充分、客观，切实符合自己提出的申请。

③ 申请人决心和态度：这部分应当诚恳地再次向领导或组织表明希望或者请求，表明自己的决心，语气坚定。

在表明自己的决心之后，可以“特此申请”、“恳请领导帮助解决”、“希望领导研究批准”、“敬请核准”、“此致敬礼”等作为结束语，一般在文末另起一行空两格书写。

4. 落款

在正文的右下方写上申请人的姓名或者申请单位的名称（要盖章），并在下面注明日期。

范文赏析（一）

入团申请书

敬爱的团组织：

我是一名普通的12级学生，同每一名青年人一样，有着理想和抱负，向往着美好的未来，而这些都需要有一个指路的标灯。团组织就是青年人前进道路上的航标，所以我迫切要求加入共青团组织。

中国共产主义青年团是中国先进青年的群众组织，是学习共产主义的学校，是中国共产党的有力助手，中国共产主义青年团是伟大领袖毛主席亲自缔造和培育的，它在不同的条件下，各个历史时期都有着自己的任务。"四化"建设中它就是长征的英勇突击队，它仿佛是一个大熔炉，有志向的青年人都应在这个大熔炉中锻炼成长。

我在班里担任班长一职，学习成绩优异，乐于助人，曾多次被评为"三好学生"。我积极参加学校内的各项活动，爱好广泛，是老师们的得力助手，同学们的好榜样。今后，我还会更加努力地去完善自己，努力学习；严格要求自己，刻苦钻研，不断提高学习成绩和政治思想觉悟，提高自己的自制力。遵守学校的规章制度，认真完成老师布置的作业和老师布置的任务。我一定会拥护中国共产党，履行团员的义务，成为中国共产党的好助手和后备军。

我要求加入团组织，是为了能更直接地接受团组织的培养教育，以团员的标准，严格要求自己，更好地为建设我们伟大的社会主义祖国贡献自己的力量。如果团组织批准我的入团申请，使我成为一名光荣的共青团员，我将按照团的章程，认真履行团员义务，按时交纳团费，坚决执行团组织的决议，充分发挥共青团员的先锋模范作用，做品学兼优的好学生。如果团组织暂时没有批准我的申请，我也不灰心丧气，将继续努力，积极向团组织靠拢，向好的同志看齐，努力克服自己身上存在的不足，争取早日加入团组织。

此致

敬礼！

申请人：古月

2013年4月5日

简评：这是一份入团申请书，即请求加入团组织的规范文稿。

标题采用"内容+文种"的方式，简明扼要。

正文遵循"申请事项—申请缘由—决定态度"的写作思路，先写明自己希望加入共青团，再写明自己为什么要加入共青团并列出自己的主客观条件，最后真挚热情地表明自己的态度。言辞庄重而又充满情感，在正文结尾处用“此致敬礼”收束。格式规范，一目了然。

范文赏析（二）

助学金申请书

尊敬的系领导：

您好！我是二年级 4 班的华春晓。我从小就非常热爱音乐，因为它是世界上最美妙的艺术品，所以我选择了音乐学院。在这里我感觉到了音乐带给我的魅力。我相信我可以找到对音乐的自信、对艺术的追求和对梦想的憧憬。

这些梦想都被一个现实的问题阻碍了，面对高昂的学费和日常开销，我不由得一阵心酸。一个农民的家庭怎样来承担这么沉重的担子？我们家一共六口人：奶奶、爸爸、妈妈、哥哥、姐姐，还有我。奶奶已经八十多岁了，常年身体不好，经常看医生，我们每年要向医院支付大笔的医药费。奶奶行走不便必须要人照顾，妈妈就只能在家一边干活一边照顾奶奶。家里农活多，常年这样在家辛苦地干活再加上原本就不是很健康的身体，妈妈显得更加憔悴了。这几年妈妈头上的白发是一年比一年多。由于妈妈和奶奶的身体都不是很好，爸爸都不能去远处打工挣钱，也只能在家帮着妈妈干活。自初中起我们家的经济收入就入不敷出。我和姐姐是双胞胎，同在一起读书，学费不是一笔小数目，比我大三岁的哥哥初三毕业考上了县里最好的高中，但由于家里没钱，我和姐姐又要读书，他毅然放弃了学习的机会。哥哥凭借打工挣来的钱给家里减轻负担。现在我考上了音乐学院，而且被我梦寐以求的音乐教育专业录取，可是这也意味着我们家庭的开支将雪上加霜。

在现实面前我的梦想将化为乌有。如此美好的校园生活将就此结束，面对这样的现实我经过慎重的考虑决定申请学校助学金。我很感激学院老师和领导对我的关心和帮助，谢谢你们给了我这个机会来争取助学金，因为这是一种难得的机会，既然有了这个机会我就会更加珍惜今后的学习时光，不辜负领导和老师对我的厚爱，我要用我的实际行动来证明一切。“吃水不忘挖井人”。我也会在自己力所能及的情况下关心集体、帮助同学、服务社会。

基于以上事实，为了能够圆满地完成学业，为了将来能够更好地孝顺父母、回报社会，我郑重地向学校递交申请——申请国家助学金！

恳请学校领导批准！

申请人：华春晓

2013 年 3 月 6 日

简评：该范文是一篇请求组织帮助解决问题的申请书。

这篇申请书的重点是对理由的申述，作者将申请事项放到了最后，在前半部分大量地摆事实、讲道理，动之以情、晓之以理地讲明了自己的困难，具体充分、态度诚恳，水到渠成地提出了申请的事项，并在正文结尾处以“恳请领导批准”作为结束语。

“申请书”写作的参考模板：

××申请书

尊敬的×××：

提出申请事项（开门见山或层层深入）

提出申请理由（列举主客观条件）

表示决心态度（真诚地表明自己的决心）

正文结尾（望领导批准等）

申请人：×××

××××年×月×日

任务实施

练一练

1．根据下面几则材料，拟写出申请书的标题及申请理由。

（1）无锡市工业学校的韩静文是一名四年级同学，在班内担任班长一职。日前，她作为学生优秀团员代表出席了校内的党员发展大会，目睹了学长们成长为中国共产党党员的全过程。这次活动也燃起了韩静文入党的激情，她对照自身的条件，也渴望成为其中一员。

（2）无锡市戴德房地产公司经有关主管部门批准，要对纳新桥至夹城里一带的危旧房进行改造建设，需要拆除该地区的房屋及附属物。依据我国拆迁管理法律法规的规定，戴德房地产公司已经制定了拆迁计划和拆迁方案，并准备好了拆迁安置房，现需要上级主管部门发给房屋拆迁许可证。

改一改

2．找出并修改申请书中的几处错误。

开业申请书
无锡市工商行政管理局： 我们5人都是建筑设计师，虽然年过60，但觉得还能发挥余热。因此，我们决定集资100万元，成立“上和建筑设计所”。 特此申请，希予审核，准予开业。 上和建筑设计所 2013年4月21日

写一写

3．无锡市工业学校财务管理专业袁枚同学面临毕业论文（设计）的考核问题，正对自己的毕业设计反复修改，她和班内同学大多是住宿生，使用电脑颇费周折。于是她和几个同学考虑再三，决定向系部申请利用中午时间使用学校机房来完成作业，目前距离毕业作业交稿还有一个月时间，她需要尽快向系主任写一份申请使用学校机房的书面材料。请以袁枚的身份完成这封申请书。

4．无锡市工业学校团委正在招募团委干事，财务管理专业二年级4班的木子同学是班级的团支书，初中开始就积累了团工作的经验，班内人缘好，自身成绩优异，是老师的得力助手。木子渴望有更大的发展平台，她希望能够加入校团委的大家庭，请替木子写一份申请书。

任务三　撰写演讲稿

任务导入

无锡市工业学校古月同学经过自己的不懈努力，在学生会的工作越来越顺利。这个学期校学生会主席叶子要离开学校了，新的主席将会在既有的学生会干部中产生，学校要求每个竞选者进行3分钟的演讲。古月成竹在胸，准备利用双休日写一份演讲稿，打算在家里认真练习。

任务要求

- 了解演讲稿的性质及分类；

- 掌握演讲稿写作的一般格式及写作要求；
- 能够根据需要独立撰写演讲稿。

知识准备

一、演讲稿的性质

演讲稿又叫演说词，它是在听众面前就某一个问题发表自己的意见或者阐述某一个事理的讲话文稿。

演讲稿不是随便说说，而是有所准备。演讲稿可以帮助演讲者梳理思路，精心组织材料，使演讲内容深刻丰富有条理，还可以帮助演讲者消除紧张恐惧的心理，增强演讲者的自信心。

演讲稿具有针对性、有声性、临场性三大特点。针对性即要根据听众的情况来确立选题，选择表达方式；有声性即文稿应当讲起来上口入耳，拟稿要以易说为前提；临场性则是要考虑演讲时可能出现的问题，以及应付各种情况的对策。

二、演讲稿的分类

演讲稿的种类有很多。

① 按演讲的专业内容看，可以把演讲稿分为：政治演讲稿、学术演讲稿、教学演讲稿、法律演讲稿和社会生活演讲稿等。

② 按演讲的限定方式看，可把演讲稿分为命题演讲稿、即兴演讲稿和论辩演讲稿三种。

无论哪一种演讲稿都要求有感染力和说服力，感情要深厚，结构清晰完整，力求朴实、形象。

三、演讲稿的结构与写作

演讲词没有严格的、固定的格式，它是根据讲话者的身份、讲话场合、听众的身份而撰写的。一般情况，分为标题、称谓和正文三部分。

1. 标题

演讲稿的标题一般能够高度概括内容。或点明宗旨，揭示主题；或直抒胸臆，发出号召；或单刀直入，以地点命名……总之，要醒目、鲜明。例如，《在全军政治工作会议上的讲话》（邓小平），《在马克思墓前的讲话》（恩格斯），《我有一个梦想》（马丁路德金），《是颗流星，就要把光留在人间》（张海迪）等。

2. 称谓

称谓在标题下顶格书写。演讲面向的是群体，因此称谓一般用“各位领导、各位代表”，“全体同志”等群体称呼。

3. 正文

演讲稿的正文一般由开头、主体、结尾三部分组成。

（1）开头

演讲的开头也叫开场白，它在演讲稿中处于最醒目的地位，具有重要的作用，好的开场白能够吸引听众，引起听众的关注。常用的开头有以下几种：

① 开门见山，亮出主题。

政治的或学术的演讲稿一般都是开门见山，直接揭示演讲的中心。这种开头能让听众一开始就明白自己今天听的内容，注意力集中。比如，宋庆龄的《在接受加拿大维多利亚大学荣誉法学博士学位仪式上的讲话》的开头：“我为接受加拿大维多利亚大学荣誉法学博士学位感到荣幸。”

② 叙述事实，介绍源来。

开头向听众报告一些事实，能够引起听众的注意，缩短与听众的距离。比如，恩格斯的《在马克思墓前的讲话》的开头：“三月十四日两点三刻，当代最伟大的思想家停止了思想，让他一个人留在房里还不到两分钟，当我们进去的时候，便发现他在安乐椅上安静地睡着了——但已经永远地睡着了。”

这个开头对事情发生的时间地点人物作出了必要的说明，运用这种方法开头，一定要从演讲的中心论点出发，不能信口开河、离题万里。

③ 抛出问题，让人深思。

通过提问，制造悬念，引起听众的期待，这种问题应该新颖、独特，有思考的必要和价值，如关于青春的演讲的开头“一个人到底应该怎样渡过自己的青春呢？”

④ 名言警句，引出下文。

引用内涵深刻的名言警句，来发人深省，引出下文的内容。例如，引用“明日复明日，明日何其多”来激励青年朋友，引用“桃花潭水深千尺，不及汪伦送我情”来谈朋友之道。

除以上四种外，还有其他一些方式，总之，开头要力求夺人眼球，富于吸引力。

（2）主体

演讲稿在开头后要迅速转入主体，这是演讲的核心部分，也是演讲稿的高潮。演讲稿要注意在理论上一步步说服听众，在内容上慢慢地吸引听众，在感情上感染听众。做到层层深入，环环相扣。

主体部分展开的方式有以下两种：

① 横式。

横式即围绕演讲的中心论点，从不同角度、不同侧面来进行表现，每一个角度的立足点都是演讲的主题，也都是为主题服务的。

② 纵式。

纵式使用步步深入、层层推进的方法揭示主题。这当中可以引经据典，也可旁征博引，要求内容突出，问题说透，层次清晰。

一般情况下，演讲稿的形式比较活泼，可以综合运用这两种方式，但必须是紧靠主题，围绕中心，在感情高潮的部分，演讲者的思想倾向也应当逐渐明朗。一方面演讲者要注意语言的锤炼，可适当采用排比反问的句式来增加气势，另一方面要将自己的思想观点呈献给听众，尽可能和听众思想产生共鸣。

（3）结尾

结尾是演讲稿的有机组成部分。结尾的印象往往决定了整个演讲的印象。言简意赅、余音绕梁的结尾能够令听众振奋，并促进听众去思考和回味。结尾没有固定的格式，或号召鼓动，或名言诗词，或幽默俏皮，或直截了当。切忌画蛇添足、节外生枝。

范文赏析（一）

中国梦就是人民的幸福梦（节选）

各位代表：

中华民族具有5000多年连绵不断的文明历史，创造了博大精深的中华文化，为人类文明进步作出了不可磨灭的贡献。经过几千年的沧桑岁月，把我国56个民族、13亿多人紧紧凝聚在一起的，是我们共同经历的非凡奋斗，是我们共同创造的美好家园，是我们共同培育的民族精神，而贯穿其中的、更重要的是我们共同坚守的理想信念。

实现全面建成小康社会、建成富强民主文明和谐的社会主义现代化国家的奋斗目标，实现中华民族伟大复兴的中国梦，就是要实现国家富强、民族振兴、人民幸福，既深深体现了今天中国人的理想，也深深反映了我们先人们不懈追求进步的光荣传统。

面对浩浩荡荡的时代潮流，面对人民群众过上更好生活的殷切期待，我们不能有丝毫自满，不能有丝毫懈怠，必须再接再厉、一往无前，继续把中国特色社会主义事业推向前进，继续为实现中华民族伟大复兴的中国梦而努力奋斗。

——实现中国梦必须走中国道路。这就是中国特色社会主义道路。这条道路来之不易，它是在改革开放30多年的伟大实践中走出来的，是在中华人民共和国成立60多年的持续探索中走出来的，是在对近代以来170多年中华民族发展历程的深刻总结中走出来的，是在对中华民族5000多年悠久文明的传承中走出来的，具有深厚的历史渊源和广泛的现实基础。中华民族是具有非凡创造力的民族，我们创造了伟大的中华文明，我们也能够继续拓展和走好适合中国国情的发展道路。全国各族人民一定要增强对中国特色社会主义的理论自信、道路自信、制度自信，坚定不移沿着正确的中国道路奋勇前进。

——实现中国梦必须弘扬中国精神。这就是以爱国主义为核心的民族精神，以改革创新为核心的时代精神。这种精神是凝心聚力的兴国之魂、强国之魂。爱国主义始终是把中华民族坚强团结在一起的精神力量，改革创新始终是鞭策我们在改革开放中与时俱进的精神力量。全国各族人民一定要弘扬伟大的民族精神和时代精神，不断增强团结一心的精神纽带、自强不息的精神动力，永远朝气蓬勃迈向未来。

——实现中国梦必须凝聚中国力量。这就是中国各族人民大团结的力量。中国梦是民族的梦，也是每个中国人的梦。只要我们紧密团结，万众一心，为实现共同梦想而奋斗，实现梦想的力量就无比强大，我们每个人为实现自己梦想的努力就拥有广阔的空间。生活在我们伟大祖国和伟大时代的中国人民，共同享有人生出彩的机会，共同享有梦想成真的机会，共同享有同祖国和时代一起成长与进步的机会。有梦想，有机会，有奋斗，一切美好的东西都能够创造出来。全国各族人民一定要牢记使命，心往一处想，劲往一处使，用13亿人的智慧和力量汇集起不可战胜的磅礴力量。

中国梦归根到底是人民的梦，必须紧紧依靠人民来实现，必须不断为人民造福。

我们要坚持党的领导、人民当家作主、依法治国有机统一，坚持人民主体地位，扩大人民民主，推进依法治国，坚持和完善人民代表大会制度的根本政治制度，中国共产党领导的多党合作和政治协商制度、民族区域自治制度以及基层群众自治制度等基本政治制度，建设服务政府、责任政府、法治政府、廉洁政府，充分调动人民积极性。

我们要坚持发展是硬道理的战略思想，坚持以经济建设为中心，全面推进社会主义经济建设、政治建设、文化建设、社会建设、生态文明建设，深化改革开放，推动科学发展，不断夯实实现中国梦的物质文化基础。

我们要随时随刻倾听人民呼声、回应人民期待，保证人民平等参与、平等发展权利，维护社会公平正义，在学有所教、劳有所得、病有所医、老有所养、住有所居上持续取得新进展，不断实现好、维护好、发展好最广大人民根本利益，使发展成果更多更公平惠及全体人民，在经济社会不断发展的基础上，朝着共同富裕方向稳步前进。

我们要巩固和发展最广泛的爱国统一战线，加强中国共产党同民主党派和无党派人士团结合作，巩固和发展平等团结互助和谐的社会主义民族关系，发挥宗教界人士和信教群众在促进经济社会发展中的积极作用，最大限度团结一切可以团结的力量。

简评：该范文是习近平主席在十二届全国人民代表大会第一次会议上的讲话的节选，文章表达了习近平主席坚定的观点：必须实现中国梦，必须走中国特色的道路。

正文的开头采取了叙述事实、介绍源来的方式，不急不慢地提出中心“继续走中国特色的道路，必须实现中国梦”。主体部分采用了并列式的方式揭示了实现中国梦的几点要求，告诉全世界，中国人必须紧密团结，万众一心，为实现共同梦想而奋斗。在高潮部分运用气势如虹的排比，反复地抒发了强烈的情感，让听众都沉醉其中，明白演讲者的思想意图，并产生共鸣。

整篇文章极富感染力和召唤性，激情飞扬，思路清晰地论证了中国正站在新的历史起点，想着民族复兴的中国梦。在这篇讲话中，我们感受到期许、承诺、担当，当时人民大会堂内 13 次响起雷鸣般的掌声。习近平主席为实现中国梦所发出的号召，激起人们无尽的憧憬和向往。

范文赏析（二）

讲故事的人（节选）

各位观众：

我获得诺贝尔文学奖后，引发了一些争议。起初，我还以为大家争议的对象是我，渐渐地，我感到这个被争议的对象，是一个与我毫不相关的人。我如同一个看戏人，看着众人的表演。我看到那个得奖人身上落满了花朵，也被掷上了石块，泼上了污水，我生怕他被打垮，但他微笑着从花朵和石块中钻出来，擦干净身上的脏水，坦然地站在一边，对着众人说。

对一个作家来说，最好的说话方式是写作。我该说的话都写进了我的作品里，用嘴说出的话随风而散，用笔写出的话永不磨灭。我希望你们能耐心地读一下我的书。

即便你们读了我的书，我也不期望你们能改变对我的看法，世界上还没有一个作家，能让所有的读者都喜欢他。在当今这样的时代里，更是如此。

尽管我什么都不想说，但在今天这样的场合我必须说话，那我就简单地再说几句。

我是一个讲故事的人，我还是要给你们讲故事。

上世纪 60 年代，学校里组织我们去参观一个苦难展览，我们在老师的引领下放声大哭，为了能让老师看到我的表现，我舍不得擦去脸上的泪水，我看到有几位同学悄悄地将唾沫抹到脸上冒充泪水，我还看到在一片真哭假哭的同学之间，有一位同学，脸上没有一滴泪，嘴巴里没有一点声音，也没有用手掩面，他睁着眼看着我们，眼睛里流露出惊讶或者是困惑的神情。事后，我向老师报告了这位同学的行为。为此，学校给了这位同学一个警告处分。多年之后，当我因自己的告密向老师忏悔时，老师说，那天来找他说这件事的，有十几个同学。这位同学十几年前就已去世，每当想起他，我就深感歉疚，这件事让我悟到一个道理，那就是：当众人都哭时，应该允许有的人不哭，当哭成为一种表演时，更应该允许有的人不哭。

我再讲一个故事：三十多年前，我还在部队工作，有一天晚上，我在办公室看书，有一位老长官推门进来，看了一眼我对面的位置，自言自语道："噢，没有人？"我随即站起来，高声说："难道说我不是人吗？"那位老长官被我顶得面红耳赤，尴尬而退，为此事，我洋洋得意了许久，以为自己是个英勇的斗士，但事过多年后，我却为此深感内疚。

请允许我讲最后一个故事，这是许多年前我爷爷讲给我听过的：有八个外出打工的泥瓦匠，为避一场暴风雨，躲进了一座破庙，外边的雷声一阵紧似一阵，一个个的火球，在庙门外滚来滚去，空中似乎还有吱吱的龙叫声，众人都胆战心惊，面如土色，有一个人说："我们八个人中，必定一个人干过伤天害理的坏事，谁干过坏事，就自己走出庙接受惩罚吧，免得让好人受到牵连。"自然没有人愿意出去，又有人提议道："既然大家都不想出去，那我们就将自己的草帽往外抛吧，谁的草帽被刮出庙门，就说明谁干了坏事，那就请他出去接受惩罚。"于是大家就将自己的草帽往庙门外抛，七个人的草帽被刮回了庙内，只有一个人的草帽被卷了出去，大家就催这个人出去受罚，他自然不愿出去，众人便将他抬起来扔出了庙门，故事的结局我估计大家都猜到了，那个人刚被扔出庙门，那座破庙轰然坍塌。

我是一个讲故事的人。

因为讲故事我获得了诺贝尔文学奖。

我获奖后发生了很多精彩的故事，这些故事，让我坚信真理和正义是存在的。

今后的岁月里，我将继续讲我的故事。

谢谢大家！

简评：该文是莫言获得诺贝尔文学奖后的获奖感言的节选文字，体现了莫言自己承认的是一个“讲故事的人”。

这篇演讲稿中，作者并没有空洞地致谢或者煽情，而是紧紧围绕标题“讲故事的人”给听众讲了三个故事，看似没有关联的三个故事既交待了自己的生活背景，又像全世界的听众展现了自己讲故事的能力，运用并列式的方式证明一件事情：自己擅长讲故事。文章开头以他人对自己的争议切入，交待情况，叙写事实，引起听众的兴趣。结尾部分则言简意赅地告诉听众自己将继续讲故事，虽然平实，却富有蕴味。它既是一篇获奖感言，又是一篇驳斥谣言的申明，还是作家本人的人生阶段总结。因此，整篇演讲稿张弛有度，节奏平缓，却字字铿锵有力。

演讲稿写作的参考模板：

×××××××××（标题）

×××：

开头（开门见山、抛出问题、引用诗句、交待事实）

主体（分层阐述、层层深入）

结尾（号召式、总结式、引用式）

任务实施

练一练

1．以下关于演讲稿的表述不正确的是（　　）。

A．演讲稿的层次性是根据演讲的时空特点、听众情况加以组合的

B．演讲词的结尾有固定的格式，应当要给听众留下深刻的印象

C．演讲稿的中心思想要靠感人的典型事例来阐明

D．演讲稿的语言要通俗易懂，生动形象

2．修改下列演讲稿的词句。

（1）今天，得幸来到美丽的莫斯科国际关系学院，同诸位见面，感到十分雀跃。

（2）世界潮流，浩浩荡荡，听它的就好，不听的就倒霉。

（3）保护环境，保护水资源。让我们行动起来吧！让我们一起关心乱闯红绿灯现象，大家一起做个文明人！

（4）流离失所、民生凋敝、百业待废，我们的健康得不到保证，我们的教育也难当重任，每天，我们都处于危机中，今天我们相聚在此，是因为我们知道没有未来，我们快处于危险了。

一改一改

3．找出并修改演讲稿中的几处错误。

演讲稿

Long long ago，有一位学大提琴的年轻人去向本世纪最伟大的大提琴家卡萨尔斯讨教：我怎样才能成为一名优秀的大提琴家？

卡萨尔斯面对雄心勃勃的年轻人，意味深长地回答：先成为优秀而大写的人，然后成为一名优秀和大写的音乐人，再然后就会成为一名优秀的大提琴家。

听到这个故事的时候，我还年少，老人回答时所透露出的含义我还理解不多，然而随着采访中接触的人越来越多，这个回答就在我脑海中越印越深。

在采访北大教授季羡林的时候，我听到一个关于他的真实故事。有一个秋天，北大新学期开始了，一个外地来的学子背着大包小包走进了校园，实在太累了，就把包放在路边。这时正好一位老人走来，年轻学子就拜托老人替自己看一下包，而自己则轻装去办理手续。老人爽快地答应了。近一个小时过去，学子归来，老人还在尽职尽责地看守。谢过老人，两人分别！

几日后是北大的开学典礼，这位年轻的学子惊讶地发现，主席台上就座的北大副校长季羡林正是那一天替自己看行李的老人。

我不知道这位学子当时是一种怎样的心情，但在我听过这个故事之后却强烈地感觉到：人格才是最高的学位。

前几天我在北大听到一个新故事，清新而感人。一批刚刚走进校园的年轻人，相约去看季羡林先生，走到门口，却开始犹豫，他们怕冒失地打扰了先生。最后决定，每人用竹子在季老家门口的土地上留下问候的话语，然后才满意地离去。

这该是怎样美丽的一幅画面!在季老家不远，是北大的伯雅塔在未名湖中留下的投影，而在季老家门口的问候语中，是不是也有先生的人格魅力在学子心中留下的投影呢？只是在生活中，这样的人格投影在我们的心中还是太少。

听多了这样的故事，便常常觉得自己是只气球，仿佛飞得很高，仔细一看却是被浮云托着；外表看上去也还饱满，但肚子里却是空空。这样想着就有些担心啦，怎么能走更长的路呢？

于是，渴望年老，四个字对于我就不再是幻想中的白发苍苍或身份证上改成六十岁，而是如何在自己还年轻的时候，便能吸取优秀老人身上所具有的种种优秀品质。

于是，我也更加知道了卡萨尔斯回答中所具有的深义。怎样才能成为一个优秀的主持人呢？

于是，我知道，这条路很长，但我将执著地前行。

写一写

4．无锡市工业学校夕月同学因为家境贫寒，所以在闲暇之余都兼职打工，但这并没有妨碍她的学习，她充分利用课内时间，年年获校级一等奖学金，课外则打工挣钱，贴补家用，对待同学、老师都关爱有加。现全班同学决定推选夕月去参加全校十佳好标兵的评选，但需要每个报名的同学公开演讲 3 分钟。夕月觉得自己还不够格，但木子认为夕月是非常有实力的，决定替她写一份演讲稿，如果你是木子，你会怎么来写这份演讲稿呢？

根据上述材料，请选取下列木子需要的内容来帮助夕月完成演讲稿。

（1）夕月身高 1.6 米，体重 100 斤，鹅蛋脸。

（2）夕月已经连续三年将自己打工的部分钱捐助低年级贫困同学。

（3）春晓因为宿舍共用电话问题和夕月发生口角，后经班主任协调解决。

（4）无锡教育电视台上周致电夕月，邀请她担任校园新闻播报员。

任务四　撰写校园主持词

任务导入

学校要举办毕业汇报表演，打算让古月和木子两人担任主持人。上级领导和兄弟学校领导应邀出席本次演出。为此，系主任提前告知两人要精心准备，希望两人能够利用课余时间对词。古月和木子担心临场出状况，打算将汇报演出的主持词逐句写下来，这就要求两人要好好琢磨到底什么是“主持词”，“主持词”该怎么写。

任务要求

- 了解主持词的性质及特点；
- 掌握校园主持词写作的内容要素及写作思路；
- 能够根据相关要求独立撰写校园主持词。

知识准备

一、主持词的性质

主持词是主持人在节目进行过程中串联节目的串联词。各种活动或者集会中，主持人的主持词都会影响到整场活动的效果。主持词一般要求主持人有两方面准备。一是心理准备，对面临的状况不能处于被动状态，要在精神上“放松”，要全身心地投入主持，充分发挥自己的潜能；二是内容准备，主持不是信口开河，要对内容有充分的准备，同时在主持过程中能够及时调控内容，并运用一定的技巧控制场面。

好的主持词可以发挥主持人的水平，一般具有临场性、针对性、简洁性三个特点。临场性指的是主持词虽然可以事先拟好，但依然要关注现场的情况，不能照本宣科，一成不变。针对性指的是要根据活动的观众创作适当的主持词，校园活动应当语言活泼，贴近学生；春节晚会则要满足全国观众的口味，语言质朴自然；新闻主持则要庄重严谨，字字省察。简洁性则是指主持词要简明扼要、展现力度，优秀的主持词应以简练、抒情的语言取胜。

二、主持词的分类

主持词大体上按照内容可分为会议主持词、文艺演出主持词、赛事活动主持词、庆典活动主持词和婚庆礼仪主持词等。

校园主持词一般都是和活动紧密相关的，因此要求主持词既要体现活动的流程，又要能够符合校园环境，彰显学生特色。

三、校园主持词的结构与写作

主持词的写作没有固定格式，其最大特点就是富有个性。不同内容的活动，不同内容的节目，主持词采用的形式和风格也不相同。校园主持词的写作就是要将校园活动的主题贯穿于节目之中，通常采用两人合作的方式让活动主题步步深化、丝丝入扣，不断将活动推向高潮。

校园主持词的结构一般包括标题和正文两个部分。

1. 标题

标题即为活动的主题概括，如“春节晚会主持词”、“校园达人秀主持词”等。标题位于首行居中位置。

2. 正文

正文部分一般由开场白、中间语和结束语三部分组成。

（1）开场白

好的开场白能够吸引观众、创设情境、导入主题。怎样把握观众的心理，怎样导入主题是开场白必须解决的问题。开场白一般分为以下三种：

① 先声夺人。

通过对所有来宾的问候，将观众的注意力全部吸引过来，如使用“各位观众，你们好吗？”类似这样直接的对话，调动观众的热情。

② 美化情境。

通过对现场或当时情景的描述，运用诗化的语言，让观众沉浸在美妙的语言环境中，身心放松，得到陶冶。例如，《2006 年 7 月 9 日中国济南国际儿童广场晚会主持词》的开场白。甲：寂静的园林已笼罩着一片暮色的苍茫，远方的山峦又勾画出一个个令人喜爱的卡通形象；乙：飞泻的霓虹早已闪烁着七彩的灯流，泉城的夏夜呀四处弥漫着花草的芬芳；甲：风儿歇息了，鸟儿也歇息了，只有潺潺的流水拨动着爱的琴弦在轻轻歌唱。主持人通过对环境的描述，表现出优美和幽深的意蕴，引起观众的情感共鸣并带领观众沉浸到节目中去。

③ 文化渲染。

好的主持词除了引人注意外，也要注意其中的文化内涵，达到寓教于乐的作用。观众能够跟着主持人的牵引既参与了丰富的活动，又提高了自身的文化知识和素养。例如，端午晚会主持词的开场白。甲：端午节是我国千百年来最重要的传统节日之一，端午时节念屈原，赋得《离骚》不朽篇；乙：痛《惜往日》赴深渊，自此魂归天地间。甲：屈原不仅是中国第一位伟大的诗人，也是中国第一位伟大的爱国诗人，更是对中国历史产生过重大影响的历史伟人，是被公认的中国诗歌之父，是中国的诗魂、国魂、民族魂。后皇嘉树，橘徕服兮。受命不迁，生南国兮。下面请欣赏由商贸专业的兄弟姐妹们带来的《橘颂》！

（2）中间语

中间过渡语可根据前后节目进行创作串联，要求自然过渡，主持人要根据情况调整中间语，不能一成不变地死记硬背，在遇到紧急状况时也可以即兴发言。如台上嘉宾突然摔倒了，主持人可临场说“刚刚这位嘉宾给大家行了大礼，表示对观众的感谢”。

（3）结束语

结束语是在活动结束或临近尾声时由主持人作的总结性讲话，主要特点是简明易懂，富于一定的宣传鼓动效果，可以是对本次活动的评价和总结，也可以是对大家的祝福，和大家一起展望未来，还可以简单收束。

范文赏析（一）

红五月歌会主持词

甲：各位领导！

乙：各位老师!

合：亲爱的同学们，晚上好！

甲：五月的阳光，格外灿烂。沐浴在阳光下，亲爱的同学，你感受到了吗?我们的周身正燃烧着青春的热火。

乙：五月的春风，是如此的温暖。徜徉在五月的春天，我们用心灵感受着祖国的日渐昌隆，我们更真切地感受着工业学校的日新月异。

甲：我们的母校，我为你骄傲！

乙：我们的母校，我为你自豪！

甲：五月是花的海洋，每一朵鲜花都在述说自己的动人故事。无论是感天动地，还是侠骨柔情，每一个故事都是那样的充满生命的真实。请欣赏歌曲《明天》。

乙：五月是蓝蓝的天空，每一朵白云都在向我们提出邀请。让我们一起观赏《花的海洋》。

甲：来吧，亲爱的朋友。

合：这里的天很蓝，这里的天很亮。

这里充满阳光，这里充满希望！请欣赏节目《真心英雄》。

甲：今天，我们在这里隆重举行无锡市工业学校“红五月歌手”大赛，这是我校校园文化建设的重要组成部分。举办这次大赛的一个重要目的就是要让每一个同学都能参与到校园文化建设中来，充分展示自己的聪明才智，释放自己的青春激情。

乙：举办这次大赛，一是为庆祝我们的“五四”青年节，同时也是学校应广大学生的热情相约，进一步丰富学校文化建设的重要举措。

甲：唱起来吧，亲爱的朋友!

乙：唱起来吧，亲爱的同学!

甲：让每一个音符，把我们的热情送到同学们的心中，播下友谊的种子；让每一个和声，围绕在母亲的身旁，抚平妈妈额上的皱纹。

乙：让每一个音符，为我们的理想插上翅膀；让每一个和声，伴随着我们走向成功的明天。

简评：这是一份校园红五月歌会的主持词。

标题直接采用主题命名，即“主题+文种”的形式。

正文遵循“开场白—中间语—结束语”的写作思路，先用情境渲染引起大家的兴趣，贴合主题又充分给予观众美的享受；中间语则是根据节目延伸创作句子，符合活动的宗旨也面向学生的生活；最后结尾部分阐明了活动的目的，并和大家一起展望明天，勾勒了远景，让活动在声色俱佳的图景中结束。

“校园主持词”写作的参考模板：

××主持词

（开场白）甲：

乙：

合：

（中间语）甲：

乙：

（结束语）甲：

乙：

合：

任务实施

练一练

1．根据下面几则材料，思考其开场白采用了哪些方式。

（1）敬爱的领导、老师，亲爱的同学们：上午好！追逐十月的和风，沐浴金秋的阳光！今天，在滔滔湘水畔，在巍巍宝塔旁，我们的祁阳一中迎来了一年一度的冬季田径运动会。今天的一中，风含情，水含笑，花儿更妖娆。今天的一中，在上级领导的关心支持下，群情激昂，英姿勃发。内强素质，外树形象，正迈着坚实的步伐，向着更高、更快、更强的目标迈进。今天的一中，藏龙卧虎、人才辈出，历年高考，傲视群雄，今年高考突破300大关，继续雄居永州第一。

（2）尊敬的老师们、亲爱的同学们：寒冷的冬天已经过去，温暖的春天已经来临，希望我们的“校园之声”广播站能给您带来一丝丝暖意。在校领导的关怀和帮助下，在广大师生的大力支持下，我们××××“校园之声”广播站今天开播了！希望广播节目能给您的业余生活增添光彩，能在您紧张忙碌的生活之余给您带来欢笑和舒心。

（3）大家好!东风来了，春天就到了，和煦的阳光正在哺育伟大的生命，温暖的春风正在唤醒沉睡的希望。在这如花的日子里，我们带着无比喜悦的心情在这里隆重集会——举行明德小学“增强安全意识，共建和谐校园”的主题活动，以此来迎接第十四个全国中小学生安全教育日的到来。提高法律、安全意识——为我们的生命设置一道绿色的屏障，共同构建平安、和谐的校园。下面，让我们用热烈的掌声拉开本次活动的序幕。请允许我为大家介绍本次活动的来宾。

改一改

2．找出并修改主持词中的几处错误。

五月主持词

男：尊敬的各位来宾，校领导、老师，同学们，大家好。

合：大家好!

女：五月的阳光，格外灿烂。沐浴在阳光下，我们的周身正燃烧着青春的热火。

男：五月的春风，是如此的温暖。徜徉在五月的春天，我们用心灵感受着祖国的繁荣昌盛!

女：为全面贯彻教育方针，进一步丰富校园文化生活，提高学生艺术修养，我校特举办本次大赛。

男：今天，我们齐聚一堂，共同见证这个美好的时刻。希望今天每位选手都能发挥出自己的最高水平，为我们带来一场视觉与听觉的饕餮盛宴!

女：下面宣读歌手大赛评分标准。本次比赛选手总分为10分。在每位评委为选手打分后，去掉一个最高分和一个最低分，其余分数之和的平均数为这个选手的最终得分。全部比赛完成后宣布十佳歌手名单。

男：具体评分标准如下。

1. 内容健康向上，适合学生演唱（2分）；

2. 歌词吐字咬字清晰，在唱歌过程中不跑调，离调，正确把握歌曲的旋律和节奏，不脱节，不抢拍（2分）；

3. 把握作品风格，演唱处理得当，对乐曲旋律及歌词理解，感情投入到位，在处理上有自己独到之处，理解歌曲内涵（4分）；

4. 情绪饱满，具备较好的音乐表现力，着装整齐，台风自然大方（2分）。

××班 王××《值得》。

××班 侯×《借口》。

××班 张××《故乡的云》。

嘉宾××《那片海》。

男：下面宣布今天比赛的最后结果，获得本次大赛十佳歌手的是……

女：让我们再次用掌声对今天比赛中获奖的选手们表示祝贺。

男：优美的歌声还在我们耳边回响，欢乐的气氛还在我们心中荡漾，在愉快的歌声和开心的笑声中，在热烈的掌声和如海的鲜花中。我们校园歌手大赛即将落下帷幕。

女：再见！

写一写

3．无锡市工业学校的夕月同学已经正式被无锡教育电视台录用为兼职主持人。夕月的第一档节目为“无锡十所校园介绍”，旨在让大家对无锡的学校有全方位的了解和认识。编辑已经把具体的介绍词提供给了夕月，但这档节目的开场白夕月迟迟没有动笔，请你为夕月的新节目设计一段开场白。

4．中央电视台新闻频道的《东方新时空》节目日前播出了李安获得奥斯卡奖的台前幕后，让观众看到了李安的艰辛与坚持。请你以主持人的身份为节目最后的三十秒写一段结束语。

任务五　撰写求职信

任务导入

无锡市工业学校的古月同学经过在校五年的学习，终于要进入社会，走向人生的下一个征程了。她希望进入无锡市大公会计事务所工作，抱着试一试的态度，她决定给大公事务所写一封求职信。为此，她翻看了“求职信”的写作要求。

任务要求

- 了解求职信的性质和特点；
- 掌握求职信的基本结构及写作思路；
- 能够根据相关需要独立撰写求职信。

知识准备

一、求职信的性质

求职信是自荐者为了寻求一份比较理想的工作，或是谋求一个相对合适的职业，而向有关单位或领导介绍自己的实际才能、专长，表达就业愿望的一种专用书信。求职信同自荐信的区别是求职的目的更为明确，求职的要求更为迫切，求职的岗位更具倾向性，其目的就是推销自己，引起对方的兴趣，达到成功推销自己的效果。求职信是个人用文字在推销自己，是个人简历的一个重要组成部分。

二、求职信的分类

① 从成文的目的性看，求职信有自写的求职信和由他人推荐而写的求职信。

② 从内容或者行业看，求职信有销售型求职信、技术型求职信、生产型求职信、医疗型求职信等。

③ 从求职的时间看，求职信有短期求职信、中期求职信和长期求职信等。

④ 从求职的要求看，求职信有基本要求的求职信和具体要求的求职信等。

三、求职信的结构与写作

求职信一般由标题、称谓、正文、落款和附件五个部分组成。

1. 标题

求职信的标题通常只有文种名称，即在第一行居中写上“求职信”三个字。

2. 称谓

称谓即求职信的致送对象，一般在标题下方另起一行顶格写上收信对象。如果用人单位明确，可以直接写上单位名称，前面加上“尊敬的”修饰，后面以“领导”落笔；如果单位不明确，则统用“贵单位领导”或“尊敬的领导”领起。称谓后面要加上冒号。

3. 正文

正文是求职信的写作核心和重点。一般有开头短语、自我简介、求职缘由、条件展示、愿望决心五部分组成。

（1）开头短语

开头应该表示向对方的问候、致意，如“您好”。

（2）自我简介

这是对自我概要的说明。主要介绍自己的身份、年龄、学历、校系专业、任职情况等，给用人单位一个初步的印象，介绍要符合求职的目的，无须冗长。

（3）求职缘由

要写清信息来源，求职意向、承担工作目标等求职目标应该根据自己的实际情况去选择职业目标，这部分应该点明对方单位的长处，如良好的工作软环境，融洽的人际关系，培训晋升的机会等。对于热门行业，选择要谨慎，用语既不能自卑也不能自负。这一部分可以和“自我简介”合为一段进行写作。

（4）条件展示

这部分是求职信的关键内容，主要写清自己的特长和才能，要将专业特长、业务技能、外语水平及其他潜在能力都呈现出来，从基本条件和特殊条件两方面解决凭什么求职的问题。让用人单位意识到你是最佳的人选。

（5）愿望决心

求职信的结尾要再次强调自己求职的愿望，恳请对方给自己一次工作机会，表示最大的决心，并表明对对方单位美好前景的祝福，语气自然恳切，不卑不亢。最后一般以敬祝语“此致敬礼”来结束全文。

资料卡

求职信正文的内容要素

开头短语、自我简介、求职缘由、条件展示、愿望决心、敬祝语

4. 落款

求职信的落款就是在正文的右下方写上“求职人：×××”的字样，并标注规范的年月日，随文处要说明回函的联系方式、邮政编码、地址、电话号码等。署名处一般由求职人自己签名，以示郑重。

5. 附件

附件是求职信的一个重要组成部分，正文中提到的相关条件的获奖证书、证明在附件中都要有反映。相关材料还要有必要的签名和盖章。此部分也可列在敬祝语前。

范文赏析（一）

求职信

尊敬的领导：

您好！首先真诚地感谢您在百忙之中浏览我的求职信，这对一个即将迈出校门的学子而言，将是一份莫大的鼓励。

我是一名即将从无锡市工业学校财金系会计专业毕业的大专生。在投身社会之际，为了找到符合自己专业和兴趣的工作，更好地发挥自己的才能，实现自己的人生价值，我浏览了大量的公司介绍，在经过深入了解之后，得知贵公司是人才成长的摇篮，是毕业生梦寐以求的栖息港湾，我特向贵公司表明我的心意。

作为一名会计学专业的大专生，我热爱我的专业并为其投入了巨大的热情和精力。在五年的学习生活中，我所学习的内容包括了从会计学的基础知识到运用等许多方面。通过对这些知识的学习，我对这一领域的相关知识有了一定程度的理解和掌握。此专业是一种工具，而利用此工具的能力是最重要的，在与课程同步进行的各种相关实践和实习中，我掌握了一定的实际操作能力和技术。在学校工作，我处事认真，多次主办大型活动。

社会主义现代化建设需要的是具有综合素质的管理人才，因此我在学好专业知识的同时，主攻计算机，我从基础知识入手，进一步掌握了 Office 的各项功能，同时还自学了 Internet 的基本知识，能够灵活加以运用。在选完专业后，为了拓宽自己的知识面，我还参加了会计电算化的学习，掌握了会计软件的基本应用及 Excel 等应用程序的使用方法。

“海阔凭鱼跃，天高任鸟飞”，我希望贵公司能给我一个施展才华的机会，我一定会努力工作，勤奋学习专业知识，不负公司给我的厚望。我正处于人生中精力充沛的时期，我渴望在更广阔的天地里展露自己的才能，我不满足于现有的知识水平，期望在实践中得到锻炼和提高，因此我希望能够加入贵单位。我会踏踏实实地做好属于自己的一份工作，竭尽全力在工作中取得好的成绩。我相信经过自己的勤奋和努力，一定会作出应有的贡献。

再次感谢您在百忙之中所给与我的关注，愿贵单位事业蒸蒸日上，屡创佳绩。祝您的事业百尺竿头，更进一步!

希望各位领导能够对我予以考虑，我热切期盼您们的回音。谢谢!

我的联系方式是电话：××××××，地址：××××××，邮编：××××××。

此致

敬礼!

求职人：张晓蕾

2013 年 5 月 6 日

附：本人学历、证书复印件（略）

简评：该范文是一封规范的应届毕业生求职信。

从格式上来说，与一般书信几乎一致，但在正文的结尾，增加了联系方式。求职或者自荐，态度要诚恳，问候要真切，不可矫揉造作，自荐的内容要真实、具体，自我评价不能过分，但又要充满自信。本文主要从自己的会计专业知识向用人单位进行了展示，属于广泛求职，因此没有就具体的职位进行分析，在结尾处真诚地表达了自己的愿望，内容要素完整。

范文赏析（二）

求职信

尊敬的领导：

您好!

感谢您在百忙之中抽出时间来翻阅这份求职信。或许您正面对着众多的求职者，或许您只是在繁忙的会议休息之间，在嘈杂的电话安静之后，顺手打开了它的封面，但我能感受到这一瞬间的意义。对我而言，您揭开的将是我人生新的一页，因为您的厚爱和关照，我的人生将在此刻出现一个值得纪念的转折点。

我是无锡世纪宏博公司的在职人员，能熟练操作 Office、Excel 等办公软件。我性格开朗，乐于接受新事物，爱好广泛，敢于迎接挑战，在大学期间曾多次参加学校和系里组织的文体活动，并多次获奖。参加工作后，我帮助公司研发了三套生产系统，并协助他人自主研发了多个软件。

我选择贵公司就是想领导能给我一个展示的平台，给予我磨练自己的机会。古人云："十年磨一剑"，十多年的求学生涯正如一个磨剑的过程。目前我觉得宏博公司处于一个发展的瓶颈期，我已不能有足够的空间提升自己。经过一年的深思熟虑，今天终于将我这把宝剑呈现在您的面前，请您鉴别它的锋利，我相信它将不会使您失望。"做人，做事，做学问"是我的生活写照。修身立志，一日三省，自信品格日益完善；勇于任事，务实革新，自信工作有所成就。因此，我今天冒昧地向您毛遂自荐，希望能得到一个检验自己的机会，也希望能为贵公司的发展贡献微薄之力。

同时，我也深知，现在的我仅仅是求学的开始，贵公司是我真正的求学平台。我今天的求职，也正是希望能得到一个更好的学习环境，从而能以更好的工作成绩来报答您的厚爱。最后，谨祝您身体健康，工作顺利，并祝贵公司事通人和，兴旺发达！

我的联系方式是电话：××××××，地址：××××××，邮编：××××××。

此致

敬礼！

求职人：张晓蕾

2013 年 5 月 6 日

附：本人学历、工作证明、证书复印件（略）

简评：该范文是一封规范的"跳槽"时所用的求职信。

随着社会的发展，公司人员的流动已不再是稀罕事，而毕业后的工作更换就成了当代年轻人面临的新问题，求职信不再是一生只有一封，而是不同的时期需要不同的求职信。本文是一位工作两年的年轻人希望获得更大发展机会而写的求职信，在信中开头交待了求职理由，中间部分进行条件展示，最后表明了自己的能力、决心和态度。与毕业求职信不同的是，跳槽求职信的目的就更为直接明确。信中除了要向对方展示自己的与众不同之处外还要表达不卑不亢的态度，既不能阿谀逢迎，也不能自卑自贬。信中呈现的是你的才能，信后流露的是你对对方公司价值观的认同，这样才能形成一篇高质量的求职信。

求职信写作的参考模板：

求职信

尊敬的领导：

开头问候语（“您好”等）

自我介绍

自荐缘由（从何处看到了征招启事；或是对方公司良好的软件环境吸引你）

条件展示（有针对性地介绍）

愿望和决心

此致

敬礼！

求求职人：×××

××××年×月×日

联系方式：××××××　　联系地址：××××××

联系邮编：××××××

附件：本人学历，证书复印件（略）

任务实施

练一练

1．仔细看下面几则材料，找出语句措辞不合乎求职信要求的地方。

（1）心怀自信诚挚之念，我坚信你们一定会聘用我的。

（2）几年来的专业学习拓宽了我的知识面，使我在学习中不断提升素质，尤其在文科学习方面拥有很大的空间，我是一名即将毕业的专科生，我相信自己可以胜任贵公司的工作。

（3）我从朋友那里听说贵公司要招聘，因此我就来试试玩玩。

改一改

2．找出并修改求职信中的几处错误。

自荐求职信

总经理：

我叫王娟，今年 23 岁，毕业于四川商务职业学院外贸会计专业。普通的院校，普通的我却拥有一颗不甘于平凡的心。

我，自信，乐观，敢于迎接一切挑战。虽然只是一名普通的专科毕业生，但是，年轻是我的本钱，拼搏是我的天性，努力是我的责任，我坚信，成功定会成为必然。

经过大学三年锤炼，在面对未来事业的选择时，我对自己有了更清醒的认识。我注重专业知识的研究，广泛学习各学科基础知识和技能，自强不息，只为学以致用。同时，摄取其他领域知识来充实自身，广泛阅读各方面书籍，熟练地掌握了会计的基础知识，常用操作和 Office 办公软件。经过自己的不断努力，我曾获得三等奖奖学金。大学三年，参加过心理健康中心干事的培训，在担任“心理健康中心”里的秘书处干事过程中，琐碎繁忙的秘书工作锻炼了我的组织管理写作能力，培养了我脚踏实地、认真负责的工作作风，善于创新的工作思维方式；我以身作则，务实求真的工作原则，诚实宽容的做人原则以及工作能力赢得了师生的信任和支持，获得了“优秀学生干部”的称号。同时我多次参加过心理健康中心组织的“5·25”的宣传活动和话剧比赛活动，以及 10 月 25 日“心理健康日”公益宣传活动。为了能提高自己的素质，参加过我院的党校培训，在培训中，了解到了作为一位当代的大学生，应该要尽的责任。

感谢您在百忙之中读完我的求职简历，诚祝事业蒸蒸日上！

2013 年 3 月

写一写

3．假期要到了，同学们都准备找一份临时工作，以增加自己的经验，锻炼自己的能力。无锡市工业学校财务管理专业的木子同学看中了一份小学语文的家教工作，她找到了培训机构的王老师，王老师请她给对方家长写一份求职信，列出自己的优势，请你替木子写一份求职信。要求内容和格式符合求职信的写作要求。

4．周哲是无锡旅游商贸学院的学生，今年三年级，他在校期间学习刻苦自觉，社会实践能力强，英语的听说读写能力都很出色，实习期间曾以流利的英语，广博的知识，对祖国传统文化的深刻理解赢得外宾的好评，今年 7 月，他要毕业了。恰巧，他从 2013 年 6 月 20 日的《江南晚报》上获悉，无锡康辉旅行社招聘两名导游，决定应聘。请代周哲写一份求职信。

项目三

常见的财经商贸社交文书

项目引领

在日常的工作、生活中，无论从事的是财务工作，还是商贸工作，都需要与其他人或单位打交道。财经、商贸类专业的学生除了要学好本专业的知识外，还应具有必要的社交文书写作知识和写作能力。

项目目标

知识目标：

1. 了解邀请函、介绍信、证明信、聘书、感谢信等文种的性质；

2. 掌握社交文书写作的结构要素。

能力目标：

1. 能形成社交文书写作的思路；

2. 能独立完成社交文书的写作。

任务一　撰写邀请函

任务导入

无锡市江南集团有限公司财务部出纳兼公司文员古月，刚进公司不久，正好遇上公司要召开年会。除了本公司员工外，公司还打算邀请一些客户前来参加。公司总经理要求她拟写一份文书，时间紧急，古月必须及时草拟出格式规范、内容完整的邀请函。

任务要求

- 了解邀请函的性质、作用、特点及类别；
- 掌握邀请函的内容要素及写作思路；
- 能够根据相关要求独立撰写邀请函。

知识准备

一、邀请函的性质与作用

邀请函，又叫邀请书或邀请信，是邀请亲朋好友或知名人士、专家等参加某项重要活动时所常用的请约性书信。

邀请函在国际交往以及日常的各种社交活动中使用广泛。邀请函与请柬有相似之处，它实际上就是一种比较复杂的请柬，但它的使用范围更广，信息容量更大。除了起到邀请的作用之外，还有向被邀请者交代有关注意事项的作用。

二、邀请函的特点

1. 礼仪性

邀请函在实际应用中要体现对被邀请者的礼貌，表达尊重之意，以达到传递信息、沟通感情的效果，具有较强的礼仪性。

2. 确指性

邀请函的主送对象一般是针对特定的单位或个人的，具有明确的指定性。

三、邀请函的类别

按照用途分类，邀请函大致可分为以下三类：

① 会议类邀请函，专为召开庆祝会、纪念会、座谈会等而发出；

② 活动类邀请函，专为举办仪式、宴请等而发出；

③ 工作类邀请函，专为开展成果评审、鉴定、决策论证等而发出。

四、邀请函的写作

邀请函的结构一般由标题、称谓、正文和落款四部分组成。

1. 标题

邀请函的标题写作比较简单，一般有以下两种写法：

① 直接在文章的正上方中间用较大字体标出“邀请函”三个字；

② 由事由和文种共同组成，如《关于出席亚洲经济发展会议的邀请函》。

2. 称谓

在标题的下一行左侧顶格写被邀请者的称谓（个人姓名或单位名称）。若被邀请者是个人，则在姓名之后可加“经理”、“博士”等职务名称或头衔，也可加“先生”、“女士”等尊称。若被邀请者是某个单位，其单位名称则要用全称，以示尊敬。称谓后面要加冒号。

3. 正文

在称谓下一行空两格写正文内容。

正文一般要写清楚邀请的事由、时间、地点，以及有关要求或注意事项。如果是向单位发出邀请，还需写明被邀请的具体对象和人数。

正文的末尾要向被邀请者表示希望接受邀请、欢迎前来的诚意，通常用“敬请光临”、“敬请莅临”、“敬请光临指导”或“恭候光临”等表示对被邀请方的恭敬和礼貌。

4. 落款

在正文下一行偏右处写邀请人的姓名或邀请单位的名称。单位要加盖公章，个人只需署名。署名的下一行写发出邀请的具体日期。

资料卡

邀请书正文应特别注明的内容

附券：如有参观、文艺活动，或有礼品赠送，应附上入场券或者领取礼品的赠券。

宴请：如有宴请，应写明“敬备菲酌”、“沏茗候教”等字样，并注明席设何处，以及入座时间。

特别提示：如有特殊的着装要求也应该在正文里注明。如果相距较远，则应写明交通路线，以及来回接送的方式等。其他差旅费及活动费的开销来源、被邀请者应准备的材料文件、节目发言等也应在正文中交代清楚。

范文赏析（一）

邀请函

尊敬的杨寒东先生：

为庆祝我公司创立50周年，我们将于5月31日（周五）17时30分在江南宾馆江南厅举行庆典宴会和文艺联欢活动。我们非常希望借此机会来感谢您多年来给予我公司的友善和支持。

敬请届时携夫人光临！

附：文艺联欢会入场券2张

江南集团有限公司（公章）

2013年5月2日

简评：该邀请函是一则活动类邀请函，正文首先交代了活动邀请的目的，随后将活动时间、地点用较为明确的语言表达清楚，最后分寸得当地表达了对对方的感谢及对对方的诚挚邀请。入场券附后，有助于宴会后入席参加联欢。

范文赏析（二）

委托投资讲座邀请书

尊敬的______先生（女士）：

一个成功人士，不会错过任何一次成功的投资获利机会。本理财俱乐部将于7月6日（周六）上午 10 时在无锡江南证券有限公司人民路营业部二楼会议室（人民路 888 号，电话：

0510-827××××××），为有闲余资金欲投资而又缺乏精力去操作的人士举办委托投资讲座。我们欢迎您加入北极星俱乐部，您将有机会和更多的朋友交流投资理财信息。

敬请光临！

无锡江南证券有限公司北极星理财俱乐部（公章）

2013年6月15日

简评：该邀请函正文首先将商务活动吸引成功人士投资获利的目的和盘托出，随后交代了活动地点的具体时间和地址。值得注意的是，正文中还附上了具体联系方式，这样写能够让被邀请者通过电话更方便地了解本次讲座及俱乐部的具体情况。

任务实施

练一练

1．试分析“具酌候驾”、“沏茗候教”、“敬祈光临”分别可用于什么内容的邀请函。

2．请为下列材料排序，使其符合邀请函正文的行文思路。

（1）2009年7月26日至7月31日，第24届FISM世界魔术大会将在中国北京举行。

（2）中国魔术源远流长，早在两千多年前，就出现了早期的魔术。现在，中国从事魔术事业的人数已达数万人，魔术爱好者更是不计其数。

（3）我们在此向您承诺，这将会是FISM历史上最成功的一届大会！

（4）中国的魔术师在一些国际魔术比赛中获得了金奖。中国的魔术正在走向世界，世界的魔术正在走进中国。2009年的世界魔术大会为此搭建了一座桥梁。

（5）我们选择了七月底召开世界魔术大会，正值您的假期。这样您就可以在中国多待几天，会旧友、识新朋，参观游览，好好享受假期。

（6）我们将会挑选最强大的嘉宾演出阵容，为您呈现一台世界顶尖水平的演出。

（7）我们将会聘请国内外的舞台技术专家、专业的会议组织者，确保大会各项工作平稳高效地进行。

（8）我们遵循的原则是“先注册者将先得到好的观看演出座位”。

（9）欢迎广大魔术师和魔术爱好者参加大会！欢迎各国优秀的魔术师参赛！欢迎世界各地的道具商参展！

（10）我们在网上设立了平台，请留下你们宝贵的建议和意见，以便我们更好地了解您所需要的服务。我们也会在网上发布最新的信息，敬请关注我们的网站。

（11）中国有句老话，叫做“有朋自远方来，不亦乐乎”。中华民族是好客的民族，希望2009年世界魔术大会带给您的是一次永久美好的回忆。

改一改

3．找出并修改邀请函中的4处错误。

> **邀请函**
>
> 陈雨盈：
>
> 过往的一年，我们用心搭建平台。您是我们关注和支持的财富主角。
>
> 新年即将来临，我们倾情实现公司客户大家庭的快乐相聚。为了感谢您一年来对江南集团有限公司的大力支持，我们特于2013年12月28日举办2013年度江南集团有限公司客户答谢会，届时将有精彩的节目和丰厚的奖品等待着您，期待您的光临！
>
> 让我们同叙友谊、共话未来，迎接来年更多的财富，更多的快乐！
>
> 2013年12月28日

写一写

4．2013年12月8日，江南集团有限公司旗下新江南大酒店即将落成开业。这家酒店位于蠡湖之畔的无锡市湖滨路×××号，风光秀丽，设施先进豪华，是江南集团有限公司旗下首家五星级酒店。为了庆祝酒店落成开业，公司董事会决定于开业当天上午9时在新酒店的江南厅举行开业仪式。仪式流程为领导讲话、嘉宾剪裁、文艺演出、开业酒会，每位与会嘉宾都能凭邀请函免费获得一张酒店VIP贵宾卡及其他礼物。

请根据上述材料，代江南集团有限公司拟写一则邀请函。要求格式正确、内容完备、措辞热情文雅。

5．企业文化是一个企业的灵魂。优秀的企业文化能够营造良好的企业环境，提高员工的文化素养和道德水准。对内能形成凝聚力、向心力和约束力，形成企业发展不可或缺的精神力量和道德规范，能对企业产生积极的作用，使企业资源得到合理的配置，从而提高企业的竞争力。为了更好地建设公司企业文化，江南集团有限公司打算邀请北京大学孙凯教授来公司做一次关于企业文化建设的讲座，讲座的听众为公司中高层管理人员，时间为2013年10月10日（周四）上午9时至12时。

请根据以上材料，代江南集团有限公司拟写一则邀请函。要求格式正确、内容完备、措辞热情文雅。

任务二　撰写介绍信

任务导入

无锡市江南集团有限公司财务部出纳兼公司文员古月，刚进公司不久。公司要派遣两名员工出差联系业务，公司总经理要求她拟写一封格式规范、内容完整的介绍信。

任务要求

- 了解介绍信的性质、作用及类别；
- 掌握介绍信的内容要素及写作思路；
- 能够根据相关要求独立撰写介绍信。

知识准备

一、介绍信的性质与作用

介绍信是机关团体、企事业单位的人员与其他单位或个人联系工作、了解情况、洽谈业务或参加各种社会活动时用来介绍自己、证明身份的一种书信。

介绍信具有介绍与证明的双重作用。持信人可以凭此获得对方的信任与支持，收信者可以凭此获知来者的情况（单位、职务、希望和要求等），从而促进双方的联系与合作。

二、介绍信的类别

1. 便函式介绍信

此类介绍信用信笺（通常是公用信笺）临时书写，无固定格式，可根据需要灵活处理。

2. 填表式介绍信

此类介绍信有固定格式，印刷成册，使用时逐项填写即可。这种介绍信，一般都带有信函编号，并留有存根。

三、介绍信的写作

便函式介绍信和填表式介绍信在结构上略有不同。

1. 便函式介绍信

便函式介绍信在结构上一般由标题、称谓、正文、落款和附注五部分组成。

（1）标题

介绍信的标题写作比较简单，通常在介绍信的正上方中间用较大字体标出“介绍信”三个字即可。有的会在“介绍信”三字前面加上发信单位名称。

（2）称谓

在标题下一行左侧顶格写收信者（个人或者单位）名称。若是单位，需写全称；若是个人，需在姓名后加上相应的尊称，如“同志”、“先生”，或者加上职务名称，如“总经理”、“董事长”等，也可加上头衔，如“博士”、“教授”等。

（3）正文

正文在称谓下一行左起空两格开始书写，一般不分段。通常要交代以下三方面内容：

① 派遣人员的姓名、身份、人数。如果事关保密，还应写明被介绍者的政治面貌、职务、级别等；

② 说明所要联系的工作、接洽的事项等；

③ 对收信者的希望、要求等，如“请接洽”、“希予接洽”、“请协助”等。

以上三方面内容交代完毕后，一般还需写致敬语。通常写法为在下一行左起空两格写“致以”或“谨致”，再另起一行顶格写“敬礼”。

（4）落款

在正文下一行偏右处写上发信单位名称和日期，并加盖公章。

（5）附注

在落款下一行左侧括号内注明介绍信的有效期限。通常有两种写法：一种为“有效期×天”，此种写法的具体天数一般用汉字大写书写；另一种为“有效期：自××××年×月×日至××××年×月×日”，此种写法的日期可用阿拉伯数字书写。

2. 填表式介绍信

填表式介绍信在结构上一般由存根、间缝、本文三部分组成。

（1）存根

存根部分一般由标题[一般写作“介绍信（存根）”]、信函编号、正文、开具时间等组成。存根由出具单位留存备查。

（2）间缝

间缝部分写信函编号，应与存根部分的编号一致，还要骑缝加盖出具单位的公章。

（3）本文

本文部分与便函式介绍信基本相同，但在标题下通常需写清信函编号。

范文赏析（一）

介绍信

无锡市人事考试中心：

兹有我校张丽丽同志，女，身份证号 320201××××××××××27，前往贵中心领取我校三十名同志高校教师资格证事宜，请予接洽为盼。

致以

敬礼！

附：无锡高等师范学校高校教师资格合格人员名单（共 30 人）

无锡高等师范学校（公章）

2013 年 6 月 14 日

（有效期：叁天）

简评：这是一封便函式介绍信。其正文在写作时先后交代了“派遣人员信息”、“联系接洽事宜”和“希望要求”。在“派遣人员信息”部分，除了派遣人员的姓名之外，还注明了性别和身份证号码，使收信单位能更方便地确认派遣人员的身份。而由于篇幅限制，正文并未在“联系接洽事宜”部分具体说明领取高校教师资格证的“三十名同志”的信息，而是将详细的名单附在介绍信之后，并在信中以附件说明的方式注明。

范文赏析（二）

介绍信（存根）		介绍信
锡师字12号 张丽丽等壹人，前往无锡市人事考试中心联系领取三十名同志高校教师资格证事宜。 2013年6月14日 （有效期：2013年6月14日至6月16日）	锡师字12号（公章）	锡师字12号 无锡市人事考试中心： 兹介绍张丽丽等壹人，前往你处联系领取我校三十名同志高校教师资格证事宜，希予接洽。 谨致 敬礼！ 附：无锡高等师范学校高校教师资格合格人员名单 无锡高等师范学校（公章） 2013年6月14日 （有效期：2013年6月14日至6月16日）

简评：这是一封填表式介绍信，其正文内容与便函式介绍信基本一致。正文部分的人数一般用汉字大写书写，以免被涂改。此外，在这封介绍信上有三处需填写信函编号，分别是存根和本文的标题下方，以及间缝位置。三处位置信函编号要一致。而出具单位的公章要盖两处，分别是本文的落款位置和间缝位置。至于存根的落款位置则无须加盖公章。

资料卡

使用介绍信的注意事项

1. 不能将盖好公章的空白介绍信交给持有人自己填写。
2. 一份介绍信只能用于一个单位，收信单位接受后不退回。
3. 需经领导批准的重要介绍信，领导人要在存根上签字后才能发出。
4. 介绍信只能交给被介绍者持有，不准冒名顶替。
5. 底稿和存根的内容要与介绍信完全一致，底稿和存根都要保留，以备查考。
6. 接洽或联系的事项要写得简明扼要，不得涉及与此无关的东西。
7. 字迹要工整，不得涂改，如要涂改，则应在涂改处加盖公章。
8. 倘若介绍信的收信者是个人，原则上收信者与被介绍人之间在身份上应属同一级。

任务实施

练一练

1．无锡高等师范学校艺术节前夕，舞蹈社的同学排练了一个舞蹈节目，将在闭幕式上演出。为了提高演出效果，舞蹈社的同学准备去无锡市青少年活动中心和无锡市文化艺术学校借用演出服装。无锡高等师范学校应该出具几份介绍信？试分析之。

2．江南集团有限公司派公司副总经理朱烈持介绍信前往上海宝钢集团有限公司谈判钢铁购销事宜。倘若这封介绍信的收信者是个人，那么该收信者应在宝钢集团身居何职？试分析之。

改一改

3．找出并修改介绍信中的5处错误。

> **介绍信**
>
> 刘和平：
>
> 兹介绍我公司陈方等2人前往你处洽谈销售事宜，请务必协助。
>
> 致以
>
> 敬礼！
>
> 江南集团有限公司（公章）
>
> 2013年3月
>
> （有效期：3天）

写一写

4．江南集团有限公司于2013年10月16日派出公司员工李明远和王浩前往攀枝花铁矿集团，与该集团商讨签订铁矿石精粉长期供货合同的事宜。介绍信的有效日期为5天。

请根据上述材料，代江南集团有限公司拟写一封介绍信。要求格式正确、内容完备。

5．江南集团有限公司为提高业务水平，于2013年11月15日选派李春（男，身份证号码：32020119××××××××34）、王来（男，身份证号码 32020219××××××××15）、许书语（女，身份证号码：32020319××××××××25）、王海鸥（女，身份证号码：32020419××××××××28）四人前往江南大学参加“2013 年冬季企业人员培训班”。

请根据以上材料，代江南集团有限公司拟写一封介绍信。要求格式正确、内容完备。

任务三　撰写证明信

任务导入

无锡市江南集团有限公司职员王晓春打算贷款购买一套房子，在办理贷款时银行方面要求他提供一份由工作单位出具的收入证明。于是，王晓春找到公司财务部经理说明情况，经理让出纳兼文员古月写一份格式规范、内容完整的证明信。

任务要求

- 了解证明信的性质、类别及特点；
- 掌握证明信的内容要素及写作思路；
- 能够根据相关要求独立撰写证明信。

知识准备

一、证明信的性质及类别

证明信是机关团体、企事业单位或个人证明有关人员的身份、经历、学历或某件事情真相的一种专用函件。

从作用看，证明信可分为两种：一种是作为旁证材料用的，如收入证明、婚姻证明；一种是作为身份证明用的，如学籍证明。

作为旁证材料的证明信，既可以是组织写的，也可以是个人写的。

二、证明信的特点

1. 凭证性的作用

证明信是持有者用以证明自己身份、经历或某事真实性的一种凭证，所以证明信的第一个特点就是它的凭证作用。

2. 书信体的格式

证明信是一种专用书信，尽管证明信有好几种形式，但它在写法上同书信基本一致，大部分采用书信体的格式。

三、证明信的写作

旁证材料用的证明信和身份证件用的证明信在结构上略有不同。

1. 旁证材料用的证明信

旁证材料用的证明信在结构上一般由四部分组成：标题、称谓、正文、落款。

（1）标题

证明信的标题写作比较简单，通常在证明信的正上方中间用较大字体标出“证明信”或“证明”即可。也可写成“关于××××问题的证明信”。倘若是个人书写的证明信，也可不加标题。

（2）称谓

称谓在标题下一行左侧顶格书写，可写单位名称，也可写个人姓名。若无明确收信对象，也可不写。

（3）正文

正文在称谓下一行左侧空两格起写。要根据对方的要求，如实地写清被证明对象名称或姓名、需要说明的事项等有关内容。若是证明经历的，要写清被证明人主要经历的时间、地点和所担任的职务等；若是证明事件的，要按事件发展的顺序写清时间、地点、参与者的姓名及其在此事件中的地位、作用以及事件的前因后果。

在正文的最后，另起一行左起空两格写“特此证明”四字结束全文，不用写致敬语。

（4）落款

在结尾下一行偏右处写明出具证明的单位名称或个人姓名。单位出具的证明信必须加盖单位公章，个人出具的证明信必须由出具人签名，并在下一行写上出具证明的具体日期。

（5）补充内容

如果是个人出具的证明信，证明人所在单位还应在证明后面签署意见。

有些单位出具的证明信，还在落款处下一行左起空两格标注出具人的姓名和联系电话，以便联系、核对。还有一些证明信需要附注该证明的有效期限。

2. 身份证明用的证明信

身份证明用的证明信，只有两点与旁证材料用的证明信不同。

① 正文主要是证明持信人的身份。因此，必须写明被证明对象所在单位名称，和被证明对象的姓名、性别、年龄、职务（职称），以及所需经过的路途、所负工作任务，提出希望和要求等。

② 正文之后，注明证件有效时间。这种证明信，现在许多单位是按格式印好，用时逐项填写而成的。

资料卡

写作证明信的注意事项

1. 内容必须确凿有据，一点不能虚假，否则，写作者应负相当的责任，甚至法律责任。

2. 语言要明确清楚，绝不能含糊其辞，模棱两可。

3. 必须用蓝、黑色笔墨书写，不能用铅笔、圆珠笔书写。

4. 字迹端正规范，不能涂改，如有涂改，应加盖印章。

范文赏析（一）

证明信

江南集团有限公司：

蒋振伟同志，男，1994 年 9 月 2 日生，于 2010 年 9 月考入我校财经金融系会计专业，后因身体原因休学一年，休学期间该生自修完当年的全部课程，并于 2015 年 6 月取得在校期间的全部学分。由于办理手续等情况，毕业时未能发给毕业证书，将于近期补发。

特此证明

无锡高等师范学校（公章）

2015 年 10 月 20 日

简评：这是一份单位开具的证明。正文首先交代了被证明对象的姓名、性别、出生年月日，然后交代被证明对象在校期间的学习时间和经历，以及未正常取得毕业证书的客观条件，以此证明此人的身份和学习经历相符合的真实性和可靠性。

范文赏析（二）

江南集团有限公司：

李佳悦，1995 年 5 月 25 日生，是我在无锡市工业学校（现已拆并）财会专业学习时的同学，学习期间我们一起代表学校参加过 2013 年全国职业学校财会专业技能大赛，并获得了团体一等奖。

特此证明

附：1.2013 年全国职业学校财会专业技能大赛团体一等奖奖状复印件 1 张

2.领奖照片 1 张

南京财经大学学生：曹琳（签名）

2015 年 11 月 3 日

曹琳同学 1995 年 3 月 2 日生，是我校财会专业 2014 届的学生，学习努力，成绩优秀。

南京财经大学学生处（公章）

2015 年 11 月 4 日

简评：这是一则个人出具的旁证材料用的证明信。由于奖状丢失，加上母校拆并，李佳悦无法证实自己曾经的比赛获奖情况，只能请当时的队友（现为南京财经大学学生的曹琳）写一份证明材料。这封证明信首先交代了被证明对象的基本身份信息，然后交代了当初比赛获奖的情况，还附上了奖状复印件和领奖照片，更请南京财经大学学生处对证明人的情况进行了简单介绍，以此增强本证明材料的可靠性。

范文赏析（三）

身份证明信

兹有我市××局××处处长×××，男，汉族，40 岁，前往×××参加×××会议，希沿途有关单位在其解决交通、食宿等问题上，适当予以协助为荷！

××市人民政府（公章）

××××年×月×日

（有效期：自××××年×月×日至××××年×月×日）

简评：这是一则身份证明用的证明信。正文除了写清被证明对象的基本身份信息之外，还交代了他所需经过的路途、所负工作任务，最后提出希望和要求。因被证明对象所负工作任务具有时效性，因而在证明信下方还以附注形式注明了有效期限。

任务实施

练一练

1．李艳艳是无锡高等师范学校财经金融系会计专业五年制高职三年级 12 班的学生。2013 年 7 月，她随家人前往新加坡上海领事馆办理旅游签证。领事馆工作人员要求她提供一份学籍证明。由于当时正值暑假期间，李艳艳直接到班主任家中向他说明情况，请求帮助。班主任当即为她出具了一封证明信。在这封证明信中，班主任交代了李艳艳的基本身份信息（包括姓名、性别、出生年月日、身份证号码），并证明了她的专业、学制和班级番号等信息。在落款部分，班主任首先写清了他在学校的职务，然后签下了自己的姓名。但李艳艳拿着这份证明信回到领事馆，却被工作人员告知此证明信无效。这份证明信为何无效？试分析之。

2．某校学生陈佳怡自幼学习古琴，技艺高超。2013 年 10 月，她被无锡市古琴协会选中前往台湾参加“海峡两岸古琴艺术交流会”，为期 15 天。为了向学校请假，陈佳怡不仅请家长开具了请假条，还请无锡市古琴协会开具了一份证明信。这份证明信的正文应包括哪些内容？试分析之。

改一改

3．找出并修改证明信中的 5 处错误。

证明

江南集团有限公司有关领导：

你们好！

古月曾于 2012 年 9 月至 2013 年 7 月在我单位实习。实习期间工作认真负责，积极肯干，业务能力优秀，曾于 2013 年 6 月被评为“2013 年度第二季度优秀员工”。

此致

敬礼！

永道会计师事务所（公章）

8 月 15 日

写一写

4．请你以自己的身份信息，用学校的名义写一张学籍证明。

5．王晓春是江南集团有限公司销售部职员，他于近日看中了一套房子，打算以商业贷款的方式将它买下。但办理商业贷款的中国建设银行要求他提供由工作单位出具的当年税前收入证明。

根据上述材料，请代江南集团有限公司拟写一封证明信。要求格式正确、内容完备。

任务四　撰写聘书

任务导入

无锡市江南集团有限公司财务部出纳兼公司文员古月，刚进公司不久，正好遇上公司大规模聘任各部门经理。公司总经理要求她拟写数份聘书。时间紧急，古月必须及时草拟出格式规范、内容完整的聘书。

任务要求

- 了解聘书的性质、作用及适用范围；
- 掌握聘书的内容要素及写作思路；
- 能够根据相关要求独立撰写聘书。

知识准备

一、聘书的性质与作用

聘书是聘请书的简称。它是用于一个单位、一家公司聘请有专业特长或特殊技能的人来担任某项任务或担任某一职务时的书信文体。

聘书除了表达聘请单位对被聘人员的敬重，加强被聘者的责任感之外，还能起到一种凭据的作用。

二、聘书的适用范围

聘书除了可用于聘请他人来本单位工作之外，还可用于单位内部的聘任。

三、聘书的写作

聘书在结构上一般由标题、称谓、正文、落款四部分组成。

1. 标题

标题在第一行居中用较大字体写上“聘请书”、“聘书”或“聘约”等字样，也可加单位名称，写成“××公司聘书”。

2. 称谓

一般在标题下一行顶格写受聘者的姓名及尊称，如“××先生”、“ ××女士”等。也有些聘书没有称谓，而是在正文开头写上“兹聘请×××先生为……”之类的语句。

3. 正文

在称谓下一行左侧空两格起写正文。聘书的正文一般要求包括以下内容：

① 交代聘请的原因和所要承担的工作，或拟聘的职务。

② 写明聘请期限，如“聘期×年”、“聘期自××××年×月×日至××××年×月×日”。

③ 聘任待遇。聘请待遇可直接写在聘书上，也可另附详尽的聘约或公函写明具体的待遇，这要视情况而定。

④ 对被聘者的希望。这一点一般可以写在聘书上，也可以不写，而通过其他的途径使受聘人切实明白自己的职责。

⑤ 在正文最后一行左侧空两格写上表示敬意和祝贺的结束用语，如“致以　敬礼”、“此聘”等。

4. 落款

聘书的落款由署名和日期两部分构成。

若是以单位名义聘请，署名需加盖公章，否则不予生效；若是以单位负责人名义聘请，则署名要由其签字并盖章，姓名前还要加上职务名称。

在署名正下方写上日期，年月日要齐全准确。

资料卡

写作聘书的注意事项

1. 聘书要郑重严肃，对聘请的原因和所要承担的工作、职务等内容要交代清楚。

2. 聘书一般要短小精悍，不可篇幅太长，语言要简洁明了、准确流畅，态度要谦虚诚恳。

范文赏析（一）

聘书

兹聘请江苏法正律师事务所王钧律师担任我公司法律顾问。为期叁年，自 2013 年 8 月 1 日起至 2016 年 7 月 31 日止。

此聘

江南集团有限公司（公章）

2013 年 7 月 20 日

简评：这份聘书的被聘任人的称谓嵌在正文中，使得此文干净利落。同时明确了职务和任期，起止时间十分具体。落款加盖了公章，使得此聘书从法律上确立了应聘人员与用人单位的劳动关系。

范文赏析（二）

聘请书

林云纲先生：

为提高公司财务管理水平，兹特聘您为财务部经理，全面负责财务部的工作。聘期叁年。月薪人民币 50000 元，其他福利按公司规定办理。望您于 9 月 1 日上午九时到职视事，领导全部工作人员，协同有关部门，迅速开展各项工作。

致以

敬礼！

附：聘约 1 份

总经理：王元栋（签名）

（公司盖章）

2013 年月 8 日 29 日

简评：这份聘书将聘请目的“提高公司财务管理水平”用较为明确的语言表达清楚，同时将聘任部门、职务、聘期、大致的聘任待遇，以及对被聘者的希望写明。由于正文中有“望您于 9 月 1 日上午九时到职视事”的语句，故聘期可视为“自 2013 年 9 月 1 日起至 2016 年 8 月 31 日止”。而本聘书的落款部分除了加盖公司的公章之外，总经理还特别签名，以示聘任的庄重。

任务实施

练一练

1．根据下列材料撰写聘书。撰写时，需抓住哪些关键信息，又该补充哪些内容要素？试分析之。

（1）李桥，男，1991 年 3 月 8 日出生，大专学历，网络管理专业。

工作经历：在校期间在麦当劳担任儿童活动电脑策划，毕业后任职江南集团有限公司网络部，一年后任网络部副经理，2013 年获得公司人才奖。

（2）森里惠，女，日本籍，1989 年 1 月 24 日出生，猫实工业大学毕业。

工作经历：毕业后任职于松岗株式会社，2011 年 4 月被公司选派到中国担任业务公关员，2012 年转职入江南集团有限公司担任游戏部副经理。

（3）乐俊，男，1990 年 1 月 2 日出生，毕业于无锡市工业学校。

工作经历：中专毕业后与人共同创建俊越制衣有限公司，担任副总经理，后公司为江南集团有限公司全资收购，担任集团推广部副经理，2013 年获公司优秀人才奖。

由于这三位员工在工作中的突出表现，公司将于今年给予他们晋升的机会，分别聘任他们为网络部、游戏部和推广部经理，任期两年。

改一改

2．找出并修改聘书中的 5 处错误。

> 兹聘请赵栋同志为江南集团有限公司业务部经理部。
>
> 特此证明
>
> 江南集团有限公司
>
> 2013 年 6 月

写一写

3．请根据本任务“练一练”的内容，撰写 3 份聘书。

4．王欣原为惠泉股份有限公司会计，于 2012 年 10 月离职，2013 年 1 月进入江南集团有限公司财务部任职。工作半年后，该公司总经理王元栋发现大家对王欣在工作中的努力和业绩非常认同，经考察后决定聘任她为财务部副经理。

根据上述材料，请代江南集团有限公司拟写一封聘书。要求格式正确、内容完备。

任务五　撰写感谢信

任务导入

无锡市江南集团有限公司财务部出纳兼公司文员古月，前往银行办理业务时不慎丢失公司重要票据，幸遇好心人捡还。古月非常感激，当面拿出 1000 元表示感谢，但好心人就是不肯接受。自觉过意不去的她，决定给好心人所在的单位写一封感谢信。

任务要求

- 了解感谢信的性质、作用及特点；
- 掌握感谢信的内容要素及写作思路；
- 能够根据相关要求独立撰写感谢信。

知识准备

一、感谢信的性质与作用

感谢信是单位或个人对关怀、帮助、支持过自己的单位或个人表示感谢而写的一种书信。

感谢信不仅能向对方表达感谢之情、致谢之意，还有表扬的意思。它可以直接寄给对方或对方所在的单位，也可以用大红纸写好，送到对方单位，张贴在醒目的位置，还可以送交广播电台、电视台、报社、杂志社等媒体发布。

二、感谢信的特点

1. 公开感谢和表扬

感谢信对于弘扬正气、树立良好的社会风尚，促进社会主义精神文明建设有着重要的意义。为了更好地表达对感谢对象的感情，表彰其先进事迹，通常采取公开张贴或在媒体公开播发的形式公开感谢信。

2. 感情真挚

感谢信最主要的写作目的是感谢对方的帮助，其写作缘由是出于真挚的感激之情。而在写作过程中，更要将这种真挚的情感鲜明地表达出来。

3. 表达方式多样

感谢信在写作时遵循“交代事件经过”、“点明事件意义”、“表达致谢之情”的写作思路，需综合运用记叙、议论、抒情等表达方式。

三、感谢信的写作

感谢信在结构上一般由标题、称谓、正文、落款四部分组成。

1. 标题

第一行正中用较大字体写“感谢信”或“致×××的感谢信”。

2. 称谓

标题下一行顶格写被感谢的单位名称或个人姓名。如果被感谢的是某个单位，单位名称应写全称，以示尊重；如果被感谢的是个人，姓名后还应加上“同志”或“先生”等相应的尊称。

3. 正文

称谓下一行左起空两格起写正文。

正文应写明感谢的内容并表达感激之情，大体包括四方面内容。

（1）开头

总括感谢的内容和感激之情，也可省略不写。

（2）主体

具体而精炼地叙述对方的先进事迹和高尚品德。对与事迹有关的人物、事件、原因、结果等，必须交代清楚。尤其是对方的关怀、帮助、支持所产生的效果，要作为重点来叙述。

（3）收束

点明意义，热情赞扬对方的可贵精神和良好影响，还可以表示将以对方为榜样，学习其精神和品格。

（4）结尾

以精炼的语言表示敬意和感谢，如“致以最诚挚的敬礼”、“再次表示深深的谢意”等。除此之外，还可以写上致敬语，如“致以 敬礼”等。

4. 落款

在结尾下一行偏右处注明写作感谢信的单位名称或个人姓名，并在其正下方写上成文日期。

资料卡

写作感谢信的注意事项

1. 先进事迹较多时，要分项叙述，不要有所遗漏，应首先将主要事迹交代清楚。

2. 叙述要满怀激情，对事迹的意义和价值可作适当的评论，但不可任意夸大或拔高。

3. 语言要精炼，篇幅不宜过长，特别是张贴的感谢信，最好用一张大纸就能写完，字迹不能太小，更不能潦草。

范文赏析（一）

感谢信

全校师生、员工、爱心人士：

首先衷心感谢你们的慷慨解囊和无私帮助。

我系××同学是不幸的，在人生最灿烂的时候却与病魔羁绊前行；但她又是幸运的，因为有我校广大师生最纯洁的爱心在伴她同行。××，普普通通的一个高职学生，出生在一个普通工人家庭，被查出患上白血病急需通过骨髓移植来挽救生命，在其因家境贫寒，无力承担巨额医疗费用而一筹莫展的时候，是我们大家，我们所有关爱她的老师、同学给了她新的希望——生命的希望。你们的善行义举极大地鼓舞了在病榻上与病魔斗争的××同学，也让每个参与其中的人看到了希望的曙光。我们相信，有大家的祝福、关爱与帮助，××同学会创造出生命的奇迹。

在学校领导的关心下，我系团总支、学生会在全校范围内发起了“生命无情人有情，我为校友献真情”的募捐倡议活动。这犹如冬日里最灿烂的一缕阳光，照亮了我们每个学子的心怀，那如波涛汹涌般的爱的暖流久久地在我们每个人的内心深处涤荡。此次捐款活动共持续半个月时间，截至6月8日，共募集善款××万元人民币。目前，所有捐款已经递交到××及其家人手中。

××同学目前状况良好，正在××医院接受治疗，准备手术。相信她一定会创造生命的奇迹重新站起来的。因为有这么多爱的托付和期望，因为她的自信和坚强！

我们感谢所有捐献善款的老师、同学和爱心人士！感谢你们的爱心捐助！是你们给了××重新拥有生命和美好人生的希望！在此，我们谨代表××同学及其家人向所有奉献爱心的人们致以最诚挚的谢意！谢谢你们！

财经金融系 团总支（公章）
学生会（公章）

2013 年 6 月 9 日

简评：这是一篇针对捐款活动的感谢信。由于感谢的对象是本校的“师生、员工、爱心人士”，因而在称谓部分并未将学校名称写全，而是以“全校”代之。正文部分首先用一句话概括了感谢的缘由以及由此产生的感激之情，然后详细介绍了本次捐款活动起因、经过和重要意义，字里行间充满了对慷慨捐款者的赞美和感激，感情真挚，行文流畅。

范文赏析（二）

感谢信

成都市高级技工学校领导：

首先让我们向你们致以衷心的感谢！

2011 年 7 月 3 日，地震灾区学生延期高考在我辖区成都市石室中学举行。根据上级有关部门的安排和部署，我社区将在考场外设立“文翁社区灾区学生延期高考服务点”。正当我们为缺乏足够的工作人员而焦虑时，是贵校 2011 级数控二班的叶帆同学与其他三位同学一道及时地向我们伸出了援助之手，他们义不容辞地加入到了为来自灾区的高考学子们服务的志愿者队伍。他们的爱心事迹受到了新闻媒体的普遍关注，还受到了当时在石室中学考点视察工作的四川省副省长黄彦蓉同志的表扬。

为此，我们要向叶帆等四位同学说声：谢谢！同时，我们还要深深地感谢贵校领导和教师的辛勤培育，是你们的谆谆教诲才培养出了如此品格高尚而富有爱心的好学生。我们相信，有你们这样一支优秀的教师队伍，贵校一定能够为我国的现代化建设培养出更多更好的技术人才。

致以

敬礼！

汪家拐街办文翁社区（公章）

2011 年 7 月 4 日

简评：这封感谢信兼具致谢和表扬双重作用，因而在称谓部分写的是“成都市高级技工学校领导”。其目的在于公开表彰叶帆等学生的先进事迹，并在感谢叶帆等四位学生的同时，顺理成章地引出对培养出这些优秀学生的成都市高级技工学校的感激之情。

任务实施

练一练

1．感谢信常见的内容通常是感谢拾金不昧、见义勇为、捐款捐物等事迹，除了这些内容，感谢信还能用于哪些事情？试归纳之。

改一改

2．找出并修改感谢信中的5处错误。

感谢信

无锡师范：

为帮助我校排练艺术节演出节目，你们及时给我们派来了裴大明、丁无恙两位老师，协助我们编排歌舞、演唱。他们工作认真，耐心指导，亲自示范。在二位老师的帮助下，经过全校广大师生的努力，大家的水平得到了很大提高，排练出了很多精彩的节目，使我校艺术节获得了很大成功。

现在两位老师回去了，谨代表贵校全体师生向二位老师及你们表示衷心感谢，并希望今后继续得到你们的难得的支援。

此致

敬礼！

无锡××高中总务处（公章）

2012年11月22日

写一写

3．江南集团有限公司财务部出纳兼公司文员古月，前往银行办理业务时不慎丢失公司重要票据，被路过的史馨怡捡到。史馨怡是无锡高等师范学校财会专业2012级12班的学生，由于她在财会专业学到的知识，对这些票据的重要性有着极为清晰的认识，因此她将这些票据及时送还至江南集团有限公司财务部，从而使江南集团有限公司避免了重大经济损失。

根据上述材料，请代江南集团有限公司拟写一封感谢信。要求格式正确、内容完备。

4. 请结合自身生活实际，给自己身边的人（可以是父母，也可以是老师、同学等）写一封感谢信。要求格式正确、内容完备、感情真挚。

项目四

常见的财务商贸事务文书

项目引领

在现实生活中，人们常常会因为借（欠、领、收）钱物要履行相关手续而留下凭证性条据。有事需要向社会公开说明或者需要公众支持帮助时，单位或个人常常会用到启事。为了更好地开展工作，还会用到计划、总结、简报等文书。因此，掌握常见的财经商贸事务文书的写作技能是非常必要的。

项目目标

知识目标：

1. 了解凭证性条据、启事、计划、总结、简报的性质；

2. 掌握常见事务文书的结构要素。

能力目标：

1. 能根据不同性质的内容选择相对应的事务文书；

2. 能独立完成财经商贸事务文书的写作。

任务一　撰写凭证性条据

任务导入

一张借条引起诉讼风波

纸条标题为“借条”，而落款又为“某石材公司　领款人陈某”，因为用语含糊不清，这 2 万元钱究竟是借款还是货款，双方当事人各执一词，两次诉于公堂。最后，某法院经过审理确认这 2 万元为货款，并驳回原告诉讼请求。

某地个体工商户倪某向法院提起诉讼，称某石材公司委托其职工陈某领取借款 2 万元，并由陈某以公司名义出具借条一份。借款后，该石材公司拒不归还。于是倪某以陈某为被告提起诉讼，他向法院递交了陈某的借条，证明曾交给陈某 2 万元现金的事实。

但在被告的答辩中却出现了完全不同的事实。该石材公司称，双方之间存在花岗石等买卖业务关系，曾在当年 5 月委托职工陈某收取花岗石货款 2 万元，陈某在倪某已写好的借条上注明了“某石材公司　领款人陈某”，这张所谓的借条实际上是“领条”。

法院经过审理确认，倪某与该石材公司确实存在花岗石买卖业务关系，经查实，在前一年的财务结账清单上有一款项为“倪某支付该公司货款 2 万元”的记录，而倪某提供不了这 2 万元的付款凭证，事实上所谓的“借条”就是此笔货款。法院遂驳回倪某的诉讼请求。

（资料来源：中国法院网）

由上例可见，凭证性条据不仅是留给对方的凭证，也是考量当事人诚实守信的试金石。

任务要求

- 掌握凭证性条据的结构与写法；

- 能独立撰写凭证性条据。

知识准备

一、凭证性条据的种类

凭证性条据是人们在日常工作、学习、生活中常用的应用文体。尤其在财经工作中，它是一种实用价值很高的应用文体。

凭证性条据有借条、欠条、领条、收条四种。凭证性条据具有凭证和证据的作用，同时具有法律效力。

二、凭证性条据的适用范围

① 借条：是向个人或单位借钱物时，由借者出具给对方的凭证性文书。

② 欠条：是因不能全部结付或归还个人或单位钱物时，由欠者出具给对方的凭证性文书。

③ 收条：是收到个人或单位归还或赠送的钱物时，由收者出具给对方的凭证性文书。

④ 领条：是到单位有关部门或仓库领取钱物时，由领者出具给对方的凭证性文书。

三、凭证性条据的结构和写法

凭证性条据的结构由标题、正文、结语、落款四部分组成。

1. 标题

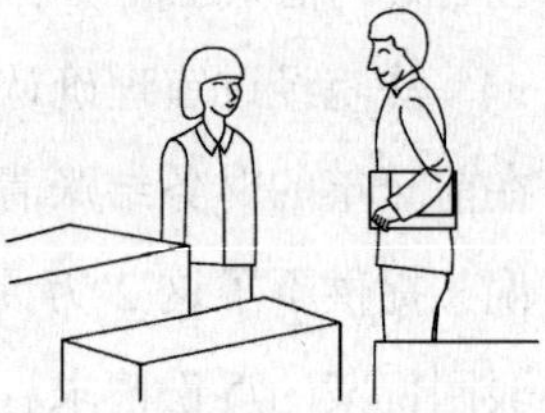

标题写在正文上方居中位置，字体稍大。标题的写法有两种：一种是直接用凭证性条据的种类“借条”、“欠条”、“收条”、“领条”作为标题；另一种是把正文的前几个字“今借到”、“今欠”、“今收到”、“今领到”作为标题。生活中常采用第一种写法。

2. 正文

正文在第二行开头空两格处以“今借到”、“今欠”、“今收到”、“今领到”等惯用语领起；但以“今借到”、“今欠”、“今收到”、“今领到”作为标题的条据正文内容要顶格写。

正文内容既要事实清楚，又要简洁明了。一般要写明向什么单位（或个人）借

（欠、领、收）什么（钱物的名称和数量、物品的种类、规格等）。数量要用大写汉字书写。若是借条或欠条，还应写上还款或还物的日期、还款或还物的方式、还款利息支付等其他事项。

资料卡

内容要素

凭证性条据的基本要素：条据名称、被借对象、钱物名称、钱物数量、具体归还日期等。

3. 结语

可在正文结尾处，也可另起一行空两格写上“此据”二字，也可不写。

4. 落款

在正文右下方写上立据人单位名称或立据人的姓名，并在姓名前写上“借款人”、“欠款人”、“收款人”、“经手人”等字样。个人出具的字据，由本人签名；单位出具的字据要加盖公章，一般还要有经手人签名。若是帮人代领（收）的字据，应在姓名前加上“代”字。署名的下面写上具体日期，一定要年、月、日齐全。

四、特别提醒

① 必须在当事双方见证之下书立字据。书写时最好用黑色钢笔和签字笔，不能用铅笔、易褪色的墨水或红墨水。字迹要工整、清楚，不要用草书，以免误认。

② 钱物数量不仅要写清楚，而且要大写（零、壹、贰、叁、肆、伍、陆、柒、捌、玖、拾、佰、仟、万、亿）。数字后面要写明计量单位，以防恶意添加或篡改。

③ 钱的数额前不能留空白，必须与“币种”紧连，款项数额末尾加“整”字。

④ 要避免歧义，以免造成纠纷。不要使用多音、多义字。比如，“还欠款人民币壹万元”，既可以理解成“已归还欠款人民币壹万元”，也可以理解成“仍欠款人民币壹万元”。因此，正确写法应是“尚欠款人民币壹万元”。

⑤ 还款日期要明确，不得含糊。例如，“二天后”、“二个月后”、“一年后”从字面上来讲是一个时间段，而非时间点。因此，在约定还款时间时，最好将其明确到年月日。还款时间还直接关系到诉讼时效的问题，一定要正确书写。

⑥ 内容不可涂改，文面保持整洁。如确实需要改动内容，在改动处应加盖印章。

⑦ 在还钱时要当场索回借条。若对方将借条（欠条）遗失或一时找不到，则应

让对方当场写下收条。

⑧ 利率要合乎规定。《最高人民法院关于人民法院审理借贷案件的若干意见》第六条规定，民间借贷利率可适当高于银行利率，但最高不得超过银行同类贷款利率的四倍（含利率本数）。否则，超过部分的利息不受法律保护。

范文赏析（一）

借　　条

今借到学校财务处人民币叁仟元整，用于购买教学参考书。本月底凭发票结算。

此据

借款人：无锡市工业学校财经系　金贝贝

2013 年 4 月 18 日

范文赏析（二）

借　　条

今借到李豆豆人民币伍仟元整，定于 2013 年 10 月 8 日之前归还。

此据

借款人：金贝贝

2013 年 4 月 20 日

简评：两张借条都写明了被借人、币种、数额及具体归还日期，借贷关系明确，表意明晰。范文一是向单位借款，并写明借款原因。

范文赏析（三）

欠　　条

因购体育用品所带现金不足，尚欠江南文体商店人民币肆佰玖拾捌元整，明天送还。

此据

欠款人：无锡市工业学校金贝贝

2013 年 3 月 8 日

范文赏析（四）

欠　　条

原借金豆豆人民币贰万元整，现已归还壹万伍仟元整，尚欠伍仟元整，定于叁个月内还清。

此据

欠款人：无锡市工业学校金贝贝

2013 年 9 月 8 日

简评： 两张欠条简明扼要，条据性质准确，写作要素齐全，符合写作要求。

范文赏析（五）

领　　条

今领到公司劳保用品仓库工作服叁拾套，防护口罩陆拾个，手套陆拾副。

此据

江南有限公司组装车间金贝贝

2013 年 6 月 5 日

范文赏析（六）

收　　条

今收到江南有限公司赠予我校图书馆专业类书籍叁佰伍拾册，文艺类书籍陆佰伍拾册。

此据

无锡市工业学校图书馆

经手人：金贝贝

2013 年 5 月 28 日

范文赏析（七）

> **收　　条**
>
> 今代收到金豆豆同学归还给我班的校服贰拾捌套，白色手套拾副，黑色领带拾条，均完好无损。
>
> 此据
>
> 代收人：财金系 1120 班金贝贝
>
> 2013 年 11 月 28 日

简评：三张条据事实清楚，要素齐全，格式规范，符合写作要求。因范文七是张代收条，正文必须写明是“代收到”，在落款处也要注明“代收人”是谁。

任务实施

练一练

1．判断题

（1）借条与请假条一样，是凭证性条据。（　　）

（2）借条由借出者保留，直到借方归还钱物时，也不能销毁。（　　）

（3）凭证性条据可以在文后使用致敬语。（　　）

（4）写借条或收条可以使用铅笔或圆珠笔。（　　）

（5）凭证性条据不具有法律效力。（　　）

（6）借条主要是因借款而产生的，而欠条产生的原因是多种多样的。（　　）

（7）凭证性条据写好后不能涂改，如有改动，要在涂改处加盖印章，以示负责。（　　）

（8）凭证性条据涉及具体数目时，数字必须要用阿拉伯数字书写。（　　）

2．选择题

（1）字据虽然小，也是属于（　　）。

A．记叙文　　B．议论文　　C．应用文　　D．散文

（2）个人向单位借钱、借物，写借条时，一般第二行第一句就出现（　　）。

A．被借一方的单位名称　　B．领导人姓名

C．借钱物人的姓名　　D．会计或出纳姓名

（3）如替人代收钱物，代收人写的收条应该在第一行写有（　　）。

A．今借到　B．今收到　　　C．今领到　　　D．代收到

（4）某公司老板拖欠民工工资，应向民工出具（　　）。

A．领条　　B．借条　　　　C．欠条　　　　D．收条

（5）凭证性条据的数字如写错，更正后，应该（　　）。

A．在更正处签名　　　　B．在更正处加盖印章

C．在条据后说明情况　　D．不做任何处理

（6）签名盖章不可小视，署名要用（　　）。

A．小名　　　　B．曾用名

C．化名　　　　D．身份证上姓名

（7）凭证性条据落款处日期的正确写法是（　　）。

A．写明何月何日，不必写年　　B．写明何日即可，不必写年月

C．可以省略日期不写　　　　　D．必须准确写明何年何月何日

（8）无论是银行还是民间借贷约定利息的时候，文字表述均应用（　　）。

A．利率　　　　B．利息

C．以上两种均可　　D．以上两种均不可

找一找

3．找出这张条据中的错误并加以修改。

欠条

原借张叶人民币 500 元整，还欠款 400 元整，定于 2013 年 3 月 4 日后还清。

此致

敬礼

欠款人：钱进

即日

写一写

4．学校体育室有很多体育用品，允许班级借用。无锡市工业学校 1120 班体育委员李清借了三个篮球、十根绳子、一个排球。借用时间是 12 月 11 日，准备第五天归还。请你以他的名义写一张借条。

5．刘明是无锡市慈善总会财务处的一名会计，2013 年 3 月 17 日，她收到无锡市工业学校的捐款 12 340.56 元，各类图书 689 册。请代刘明给无锡市工业学校写一份收条。

6．2013 年 6 月 20 日，张华问同事刘明借了 7 000 元钱，二个月后归还了 5 000 元，还欠 2 000 元，刘明要求张华重新写一张欠条，要求一个月内还清。

7．开学时，无锡市工业学校 1120 班劳动班委李兵到学校总务处领到扫帚 6 把，水桶 1 只，还有其他卫生工具若干。李兵该如何写这张领物条？

8．5 月 28 日，王小明同学因忘带自学考试报名费，只能去向热心的数学老师张浩借了 200 元，并答应第二天一定归还。第二天当他去还钱时，不料老师有事外出了，于是他就把钱交给了班主任李天老师，想让李老师转交。班主任李老师写了一张代收条给了王小明，这张代收条该如何写？

任务二　撰写启事

任务导入

合肥市民刘某在回家的途中拾到一个包，他在原地等了很久，但一直没有等到失主。于是，他把包拿回了家，经检查发现，包里不仅有现金，还有一部手机、几张银行卡以及各种证件。随后刘某在报纸上看到了一则寻物启事，根据上面的描述，他发现失主要找的正是自己拾到的这个包。在“寻物启事”中，失主王某还特别注明：凡是拾到者愿意归还的，本人愿意付给归还者人民币 5 000 元酬金，并当场兑现。

看了寻包启事后，刘某按报纸上登出的联系号码给失主王某打了电话，双方约好地点见面。包还给王某后，王某却对刘某说，包里好多证件都有自己的信息，刘某捡到包后理应及时通知他，为什么偏偏在看到了悬赏启事之后才同自己联系呢？王某认为刘某的诚信有问题，一分钱酬金也不愿意给他，两人不欢而散。刘某回家以后，越想越气，于是一纸诉状，将王某告上了合肥市某区人民法院，要求对方无条件地付给自己 5 000 元酬金。

法院经过审理后，作出一审判决。法院认为，失主悬赏寻找遗失物的，领取遗失物时应当按照承诺履行义务。法院依法判决王某按照悬赏启事中所约定的金额，支付刘某 5 000 元的酬金。

（资料来源：星岛环球网）

在现实生活中，启事常见于种种传播媒介，和我们的生活息息相关，被称之为传递与交流信息的“轻骑兵”。一张小小的启事，竟然可以引起一场法律诉讼。因此，启事的写作绝不可掉以轻心。

任务要求

- 了解启事的性质和种类。
- 掌握启事写作的结构要素。
- 熟练掌握寻人、寻物、招领、招聘、遗失声明等启事的写作。

知识准备

一、启事的性质

启事是机关、团体、企事业单位或个人因有事需要提请公众注意，请求公众协助解决，用简明的文字表述出来公诸于众的一种应用文。

启事的本意是公开陈述事情，“启”即告知、陈述的意思，“事”即事情。生活中，常有人把“启事”写成“启示”。“启”和“示”读音相同，但意思不同。“启示”，是启发指示，使人有所领悟的意思。

二、启事的特点

1. 内容的告启性

启事主要用于向社会各界公开告知有关事宜，因此它具有告启性特点，而不具有强制性和约束力。

2. 文字的简明性

无论是登报、广播、电视或张贴，启事一般都篇幅短小精悍。有的启事受版面限制只有三言两语，但不管哪种启事都要力求写得既清楚明白，又简洁明了。

3. 发布的多样性

启事的告启性决定了它发布形式的多样性。启事不仅可以在人们活动频繁的公共场所或人员聚集地区公开张贴，而且还可以借助广播、电视、网络、报刊等新闻媒介广为传播。

三、启事的种类

启事的种类很多，根据启事事项及其作用的不同，大体可分为四大类。

① 寻领类启事，是为了求得公众的响应和帮助，如因有人走失、钱物遗失而写的寻物启事，或因拾到钱物而写的招领启事。

② 征招类启事，是为了求得公众的配合与协作，如征文、征订、征集、征租、征婚、招聘、招生、招考、招商等启事。

③ 周知类启事，是为了开展工作和业务，把某些事项公诸于众，以便让公众知晓，如开业、停业、迁址、更名、庆典等启事。

④ 声明类启事，是为了完成法律程序，启事事项经公开声明、登报后，对其引起的事端不再承担法律责任，如遗失、作废、更正声明等。

四、几种常用启事的写作

1. 寻人启事

（1）含义

寻人启事是个人或单位为寻找因某种原因下落不明的亲人朋友而使用的应用文体。

寻人启事可以张贴在大街小巷或人口聚集处，也可在报纸电台上刊登或播放。

根据出走人的情况可以分为故意走失和无意走失两种。由于家庭不和或由于同他人的矛盾没得到解决而愤然出走的称故意走失；由于精神不正常，老年痴呆或年幼无知等原因引起下落不明的情况，叫无意走失。

（2）格式与写法

寻人启事的结构包括标题、正文、落款三个部分。

① 标题。

寻人启事的标题主要有以下两种写法：

1）直接以事由为标题，如“寻人”、“紧急寻找”、“重金寻找”；

2）事由加文种组成标题，如“寻人启事”，这是最常用的形式。

② 正文。

寻人启事的正文主要包括以下几项内容：

1）必须准确描述走失人的体貌特征、衣着装束、口音等容易被人注意到的细节情况，一般还附有照片，同时也要写清走失的时间和地点；

2）必须写明寻人者的联系方式，便于知情者及时与其联络；

3）寻人启事是请求人们帮助的，所以行文最后要有真诚感谢之言，常以“重谢”、

“面谢”、“重金酬谢”之类句式表达。如有必要可写明给予提供真实线索者具体数额的酬金，但一旦明确了酬金，事成后就应兑现，否则会产生纠纷，引起诉讼。

③ 落款。

署上启事人姓名和启事日期，启事人姓名也可与联系人为同一人。

范文赏析（一）

寻人启事

张小丽，女，7 岁，身高 90 厘米，短发，大眼，右唇有痣，身穿白底红碎花连衣裙，脚穿白色运动鞋。无锡口音，有些口吃。就读于××小学一年级（1）班。于 5 月 20 日下午放学后走失，至今未归。家长焦急万分，请知其下落者，速与无锡江南公司财务科张大年联系，联系电话：123456788999；或与××市×××路派出所联系，电话：12345678999。如能提供准确信息者，定当重谢。

张大年　　启

2013 年 6 月 5 日

范文赏析（二）

紧急寻找

吴小丽，女，18 岁，身高 1.6 米，瓜子脸，肤白，大眼睛，气质高雅，身穿浅红色连衣裙，白色皮凉鞋。于 6 月 10 日离家，至今未归。本人若见到此启事，请尽快同家人联系。若有知其下落者，请与××市××学校吴金老师联系，联系电话：189××××××××。若能提供准确信息者给予酬金 5000 元。

启事人：吴金

2013 年 6 月 10 日

简评：这两则寻人启事短小精悍、语言精炼、格式规范。两则启事的共同之处：首先都详细具体交待了走失者的身份特征，如姓名、性别、年龄、外貌、衣着装束、说话口音等，利于知情者据此进行判断，以便及时联系其家人；其次交待了走失人于何时何地走失或出走；最后详细交待寻找人的联系地址或联系方式，以备知情人及时与寻找人取得联系而早日找到失踪者。另外还写有酬谢、酬金之类的语句，将寻找人那种急切焦虑之情蕴于其中。不同之处：范文一属于无意走失，范文二属于故意走失。故范文二内容在写作上与范文一稍有不同，如“本人若见到此启事，请尽快同家人联系”。

2. 寻物启事

（1）含义

寻物启事是单位或个人丢失物品后，希望他人帮助寻找而使用的应用文体。

寻物启事按照失主的身份可以分为两种，一种是由于个人遗忘或不慎将物品遗失而写的寻物启事，另一种是由于单位遗失了物品而发布的寻物启事。

寻物启事发布的形式多样。可以贴在失物地点、单位门口、大街上，也可刊登在报纸上，或者通过电视、电台、网络播发。

（2）格式与写法

寻物启事的结构一般包括标题、正文、落款三个部分。

① 标题。

寻物启事的标题主要有以下几种写法：

1）直接以事由为标题，如“寻物”；

2）事由加文种组成标题，如“寻物启事”，这是最常见的形式；

3）遗失物品名称加文种组成标题，如“寻手机启事”、“寻钥匙启事”、“寻公文包启事”等。

② 正文。

寻物启事的正文一般包括以下几项内容：

1）写清物品遗失的原因、时间、地点，以及遗失物品的特征，如名称、数量、形状、规格、质地和品牌等；

2）写清寻物者的单位、姓名、住址、电话号码等相关信息，以便拾物者顺利送还物品；

3）如有必要还应写明给予拾到物品者一定的酬金或表述“重谢”、“面谢”之言。

③ 落款。

署上发文单位的名称或个人姓名，并注明发文的日期。

范文赏析（三）

> **寻物启事**
>
> 本人不慎，于 2013 年 5 月 25 日上午 8 时左右，在城中公园遗失棕色公文包一只，内有身份证、驾驶证、工作证等证件，以及带有瑞士小军刀的钥匙一串。如有拾到者，请与本人联系，联系电话：1345678999。定当面谢。
>
> ×××公司：黄力
>
> 2013 年 5 月 26 日

范文赏析（四）

> **寻车**
>
> 6 月 25 日，我公司一辆黑色“别克”牌君悦小轿车在钱姚路与新藕路的交叉路口遗失。车牌号：苏 B N L 123，发动机号：××，车身号：××。知情者请速与我公司联系，定当重谢。联系电话：12345678999，联系人：李双。
>
> 无锡××服装有限公司
>
> 2013 年 6 月 28 日

简评：这两则寻物启事都写清了物品遗失的时间、地点和遗失物品的名称、特征，以及联系方式等，最后都不忘写上酬谢之言，内容具体明确，言简意赅。

3. 招领启事

（1）含义

招领启事是单位或个人拾到遗失物品后，为寻找失主而使用的应用文体。

根据物品遗失地点的不同，招领启事有其不同的处理方式。如在公共场所拾到的物品，可张贴在拾到物品的所在地点；如在某单位拾到的物品，可张贴在该单位的公告栏。如拾到的物品比较贵重，且一时难以找到失主，可通过报纸、电台、电视播发招领启事。

（2）格式与写法

招领启事的结构一般包括标题、正文和落款三个部分。

① 标题。

招领启事的标题主要有以下几种写法：

1）直接以事由为标题，如“招领”；

2）事由加文种组成标题，如“招领启事”；

3）招领物品名称加文种组成标题，如“招领自行车启事”、“招领钥匙启事”。

② 正文。

招领启事的正文一般包括以下几项内容：

1）写清招领物品的名称以及拾到物品的时间、地点。与寻物启事不同，招领启事不能把物品的特征写清楚，否则就可能被别人冒领。只有等失主认领时，再询问他物品的具体特征；

2）写清招领单位或个人的联系地址、联系电话等信息，便于失主前来认领。

③ 落款。

署上招领启事的单位名称或个人姓名，并注明启事日期。

范文赏析（五）

招领启事

6 月 8 日中午 11 时左右，有游客交来一只时装袋，内有钱物和飞机票等。望失主尽快到本园管理处认领，联系人：张大明，联系电话：12345678999。也希望广大游客帮助提供失主的信息，以免失主耽误行程。

城中公园管理处

2013 年 6 月 8 日

范文赏析（六）

招领

今天中午，有同学在本校图书馆拾到一只钱包，内有人民币若干，其他物品数件。请遗失者速至校学生处李老师处认领，联系电话：0510—88776655。

无锡市工业学校学生处

2013 年 5 月 8 日

简评：这两则招领启事内容都写得恰到好处，不仅说明了所拾物品的名称、时间、地点及联系地点、方式，还对物品的特征、钱的数额留有余地，便于认领时核实，物归原主。

4. 招聘启事

（1）含义

招聘启事是机关、团体、企事业单位或个体经营者向社会公开招聘有关人员而使用的应用文体。

（2）格式与写法

招聘启事的结构一般包括标题、正文、落款三个部分。

① 标题。

招聘启事的标题主要有以下几种写法：

1）直接以事由为标题，如“诚聘”、“高薪诚聘”、“诚聘英才”、“诚聘打字员”，这种写法比较灵活；

2）事由加文种组成标题，如“招聘启事”、“招工启事”，这是最常见的标题形式；

3）招聘单位加事由组成标题，如“××玩具厂招工”、“××食品有限公司诚聘”；

4）招聘单位、事由加文种组成标题，如“××公司招聘启事”、“××宾馆招工启事”。

② 正文。

招聘启事的正文要具体，一般包括开头和主体两项内容。

开头应说明招聘方的情况。包括招聘单位业务性质、工作范围或地理位置及招聘目的，最后用过渡语句引至主体内容。例如，“我公司是一个专门从事房地产营销策划的高智力型企业。拥有一群专业化的创作群体。因业务发展需要，现向社会公开招聘下列人员：”。

主体有以下几方面的要求。

1）明确招聘的具体要求。包括招聘岗位、招聘数量、招聘条件（年龄、性别、文化程度、工作经历、技术特长等）。

2）明确给予受聘人的相关待遇，如月薪或年薪的数额等。

3）明确应聘方法。告知应聘需办理的手续、应聘人员须交验的证件、履历等，还要告知应聘的具体时间、地点、联系人、电话、邮箱等。

③ 落款。

正文右下方署上招聘单位名称及启事发布日期。标题中已有招聘单位名称的，落款可省略。

范文赏析（七）

招聘启事

无锡美味食品有限公司是国家级的农业产业化重点龙头企业。因生产规模扩大，现诚聘以下人员。

1. 销售员 5 名：男性，大专以上学历。有较强的开拓能力，普通话流利，善于人际沟通，能吃苦耐劳，且能长期驻外。待遇：每月 2 500 元～3 500 元。

2. 维修工 2 名：男性，中专以上学历。有电工证，具有相关工作经验者优先。
待遇：每月 2 000 元～3 000 元。

3. 装卸工 3 名：男性，初中以上学历。身体健康，能吃苦耐劳。待遇：每月 2 000 元～3 000 元。

4. 保洁员 1 名：女性，45 岁以下。身体健康，认真细心，能吃苦耐劳。待遇：面议。

请有意者持个人近期免冠 1 寸照 1 张、身份证等相关证件的原件和复印件到本公司人力资源部报名。报名截止时间：2013 年 8 月 20 日。

报名地址：无锡市中山路 25 号公司大楼 501 室，咨询电话：0510—12345678，联系人：王先生。

××市××有限公司

2013 年 8 月 1 日

范文赏析（八）

××电信公司招聘启事

因业务发展需要，我公司特向社会公开招聘女性营业员若干名，具体要求如下。

一、招聘范围

××市区及乡镇的待业人员。

二、招聘条件

1. 年龄 25 周岁以下，身高 1.60 米以上。品貌端正、亲和力强、身体健康、遵纪守法。

2. 大专及以上文化程度。

3. 音质条件好，普通话标准，口齿清楚。

4. 有较强的文字、语言表达能力和沟通能力。

5. 了解××地域基本情况，具有一定的计算机文字输入能力。

6. 具有良好的心理素质及营销服务潜质。

7. 有相关工作经验的成熟人才优先。

三、用工性质

为××市劳动保障事务代理中心合同制员工。

四、待遇

工资报酬按照单位员工薪酬管理办法执行。享受养老、医疗等五大保险及公积金。

五、报名方式

应聘者请将本人简历（请写明联系电话）、身份证复印件、失业证复印件、学历证书复印件及一寸照片一张，于7月15日前寄至××市中山路1号××公司综合办505室，联系电话：13812345678。

2013年6月28日

简评：以上两则招聘启事的写法因招聘内容不同（范文七是招不同工种的人，范文八是招同一工种的人）而略有区别，但招聘条件都写得具体明确，能让应聘者参照条件量力而行；报名待遇可以在启事中注明，也可“面谈”；报名办法明晰，易于应聘者准备和操作；联系方式也方便了应聘者及时咨询联络。

5. 遗失声明

（1）含义

遗失声明是因有关重要票据、证件遗失而公开声明作废的一种应用文体。遗失声明是一种法律方式，在自然人或者法人丢失了某些社会性质的证件后，为防止他人冒用，遗失者必须按法律规定刊登遗失声明，以确定所遗失的证件在法律上无效，同时也解除了遗失者的社会责任。也就是说，声明遗失后，若他人再敢冒用，产生的后果遗失者不再承担。办理遗失声明须到遗失地的市级公开发行的报刊上刊登才有效，网络发布是无效的。遗失办理的具体程序：先到登记机关申报遗失，同时在报纸刊登遗失声明，等法定的公示程序完成后，有关证件可以依法补办。

税务登记证、工商营业执照、开户许可证、组织机构代码证、签证、护照、身份证、从业资格证、发票、支票、收据、发票购买簿、提单联单、单位财务章等一旦遗失，都需登报声明作废。

（2）格式与写法

遗失声明的结构一般包括标题、正文和落款三个部分。

① 标题。

遗失声明标题一般直接写“遗失”或“遗失声明”。

② 正文。

正文要写明遗失物品的单位名称或个人姓名，遗失物品的具体名称（是营业执照，还是支票等），若是证件、票据还应写上号码、份数。最后写上“声明作废”收束全文。

③ 落款。

在正文右下方署上声明的单位名称或个人姓名以及声明日期。若正文中已出现单位名称或个人姓名，署名可省略。

范文赏析（九）

遗失声明

无锡江南纸业有限公司遗失房产证两本：锡房权证东开发字第 30102248 号，锡房权证东开发字第 30102249 号；土地证一本：锡国用（2013）第 09117 号。声明作废。

2013 年 6 月 8 日

范文赏析（十）

遗失

我中心遗失组织机构代码证副本，号码：76620064—×，声明作废。

无锡江南培训中心

2013 年 6 月 8 日

简评：以上两则遗失声明也可称遗失声明启事，对遗失物件写得简洁明了，完成了解除法律关系的声明。

五、特别提醒

① 内容要单一。启事应做到一事一启，不能将几件事放在一起。

② 语言要简洁。尽量做到简洁达意，通俗明白。

③ 事实要真实。启事中的内容必须真实，如招聘启事、征租启事、征婚启事等，都应实事求是，不能从中作假进行欺骗。

任务实施

改一改

1．找出下面两则启事的错误并修改。

> 各位同学：
>
> 今天上午课间操，我在西操场丢失一个钱包，请拾得者归还本人。
>
> 特此通知
>
> 吴明
>
> 2013 年 6 月 18 日

> 招领启示
>
> 今天上午 8 点左右，本人在食堂捡到一只男式“东风”牌手表。表带是“坦克”式的，表带上还系着一根红丝带。这只表很新。望失者速来认领。
>
> 2013 年 6 月 10 日

写一写

2．有个 14 岁的无锡男孩孙明，智障，于 2013 年 3 月 10 日在中山路商业大厦门口走失，他家住在无锡市北塘区山水新村 2-601 室，家长孙大强，电话：13812345678。请恰当补充相关材料，以孙大强的名义写一则寻人启事。

3．5 月 16 日，王胡同学在学校图书馆借书时，拾到一只白底紫花的女式拉链小包，包内有一部银白色的三星牌手机，还有人民币 200 元。请你以王胡同学的名义写一则启事张贴在学校图书馆大门口。

4．××广告有限公司是一个专门从事房地产营销策划的高智力型企业。公司拥有一群专业化的创作群体。因业务发展需要，决定向社会公开招聘行政部经理 1 名，要求 35 岁以下，有大专以上学历，有 3 年以上企业管理经验；策划 2 名，要求 30 岁以下，男性，大学本科以上学历，精通 MAC 系统软硬件及周边设备。出纳 1 名，要求 30 岁以下，女性，大专以上学历，有会计从业资格证，具有广告业工作经验者优先。待遇问题面谈。有意者需持个人近期免冠1寸照1张、个人简历、身份证、毕业证等相关证件以及复印件到本公司人力资源部报名。报名时间：2013年3月15日至4月20日。公司地址：无锡市中山路100号美丽大厦1008室，联系人：陆女士，电话：12312345678。请以该公司名义拟写一则招聘启事。

5．无锡市江南有限公司因发展需要，面向社会公开招聘2名财务人员。

要求：35岁以下，大专以上学历，会计、审计、财务等相关专业毕业，具有会计从业资格证书。从事会计工作至少3年以上。精通财务成本核算，能熟练操作财务管理软件。有良好的沟通和协调能力，为人正直，责任心强，有敬业精神。熟悉国家税务、会计等相关法律法规和政策，并能熟练运用。工资待遇：实行合同聘用制，工资待遇按照公司相关规定执行。有意者请持个人近期免冠1寸照1张、个人简历、身份证、毕业证等相关证件以及复印件到公司人力资源部报名。报名截止时间为2013年8月20日，报名地址是无锡市人民路12号××商务大楼608室。咨询电话：13818612315，联系人：张先生。请以该公司名义拟写一份招聘启事。

6．孙小明不慎将自己的注册监理工程师证书遗失，注册号为32001234，有效期至2016年5月10日，注册执业单位为无锡××建设监理咨询有限公司。请代孙小明拟一份遗失声明。

任务三　撰写计划

任务导入

无锡市江南公司财务部出纳兼公司文员古月，已经在公司工作了一年。在这一年里，她工作勤奋努力，获得了总经理的好评。新的一年了，公司要求员工结合自己的实际情况和去年的工作业绩，写好本年度的工作计划。

任务要求

- 了解计划的性质、作用及特点；
- 掌握计划的三要素及写作方法；
- 能够根据相关要求独立撰写计划。

知识准备

一、计划的性质

“凡事预则立，不预则废。”这里的“预”就是计划或打算。计划就是为将来一段时间内的工作或生活进行筹划和安排的一种事务性文书。

计划是计划类文书的统称。它根据计划涉及的内容和期限不同，还有很多别称，有规划、方案、安排、设想、打算、要点等。写作计划时我们要注意把握它们之间的区别。

资料卡

计划类文书的区别

规划：全局、长期的工作构想	方案：具体、全面的工作部署
安排：具体、短期的事项计划	设想：初步、草案式的工作考虑
打算：要点式、短期的原则意见	要点：列出主要工作目标的计划

二、计划的作用

1. 基础和保证

计划是做好工作的基础，是完成任务的保证。做任何事情之前，都应该提前作出周密的打算和安排，从而使得自己的行动有目标、有条理，避免盲目带来的损失。

2. 指导和激励

计划都是按照单位或个人的实际情况制定的，它是工作的方向，是行动的指南，能起到统一意志和指导行动的作用。同时，它还能约束人们的行动，调动其积极性和创造性，有利于实现和完成相关工作。

3. 监督和调控

计划不仅可以让计划者本人掌握工作或生活的进度，自我检查任务完成的情况，起到自律的作用。同时，计划也是上级部门监督调控的依据，有了计划，就能让工作或生活稳步发展。当出现特殊情况时，上级部门或计划者本人可以及时采取应急措施，从而调整步伐，使计划能顺利完成。

三、计划的特点

1. 预见性

计划不是对已经形成的事实和状况的描述，而是在行动之前，按照实际情况对行动的目的、任务、方法、措施等所作出的预见性的认识。但是，这种预见性不是盲目的、空想的，而是以上级部门的指示和规定为导向，以本单位或本人的实际情况为基础，以过去的工作或生活中出现的问题和获得的成绩为参考，对今后的发展趋势进行科学的预测。

2. 可行性

制定出来的计划必须能够切实可行，具备科学性和实践性。如果目标制定的过高，不能实现或者很难实现，那么这个计划就是“空中楼阁”；反之，目标制定的和以前一样甚至没有以前高，那么这个计划就会让计划者固步自封，停滞不前。计划制定中的措施和方法也必须要有可行性，否则就是“纸上谈兵”，成为了一纸空文。所以，计划的制定要有可行性，才能实现预想的目标。

3. 指导性

计划是根据相关的政策和条件制定出来的，是计划者充分分析和评估实际情况提出的有效措施和方法，是行动的指南。同时，它又能对工作或生活起到督促、激励的作用。

四、计划的分类

计划的种类很多，根据不同的标准可以进行不同的分类。

按内容分，有生产计划、工作计划、学习计划、教学计划、科研计划等。

按性质分，有专题性计划、综合性计划。

按范围分，有国家计划、地区计划、部门计划、单位计划、个人计划等。

按时间分，有长期计划、中期计划、短期计划、年度计划、季度计划、学期计划等。

按形式分，有条文式计划、表格式计划、综合式计划。

资料卡

条文式计划：由标题、正文、落款构成，文字通过小标题和序码逐一阐明。

表格式计划：分栏目将计划的具体内容填写进表格。

综合式计划：也叫文表结合式计划，将各项目的内容填进表格后，再用文字进行简短的解释说明。

五、计划的写作

计划的基本格式一般由标题、正文、落款构成。

1. 标题

计划标题的完整写法一般是由计划单位名称、计划时限、计划内容、计划名称这四个部分组成的，如《××公司××××年财务工作计划》。有时，计划的标题可以根据实际情况需要省略某些部分。有的省略时限，如《××公司财务工作计划》；有的省略单位，如《××年安全生产工作计划》，省略单位名称的必须在正文后署名；也有把单位和时限都省略的。若所定的计划尚不成熟或者未经批准，则在标题后或标题下方用圆括号注明“草案”、“初稿”、“讨论稿”等字样。

2. 正文

计划的正文一般是由前言、主体和结尾构成的。

（1）前言

前言，也叫引言。一般可以写制定计划的依据、目的、指导思想，也可以简要分析前段工作的基本情况、取得成绩、存在问题等。这些内容可以根据实际情况进行适当的选择。

前言的文字要求简明扼要，不讲套话、空话、大话。

（2）主体

主体部分是计划的中心内容，包括目标、措施、步骤三要素。

目标是明确指出总目标和基本任务、要求，即写清楚“做什么”。

措施是用什么方法、什么措施来确保完成任务、实现目标，并注明由何人具体负责，如何协调工作等，即写清楚“怎样做”。

步骤是写明实现计划分几个步骤或几个阶段，是实现目标的程序安排和时间要求，即写清楚“何时完成”。

（3）结尾

结尾可以说明计划的执行要求，也可以提出希望或号召。有的计划不特意写结尾。

3. 落款

落款，包括单位名称和制定日期。如果计划的标题中已经标明了单位名称，那么落款处可以省略。落款要写在正文结尾后右下方。另外，以单位名义上报或下达的计划，还需加盖公章。

范文赏析

专升本考试复习计划

怀着继续学习深造的梦想，我选择了参加 2012 年专升本考试。在结束了基础班和冲刺班两个阶段的学习之后，我感觉到个人学习能力和知识储备都得到了大幅度提升。在接下来的一个月时间里，我将继续努力备考，力争考出优异成绩。下面我将制定总复习计划，为新一轮的复习树立目标。

一、目标

由于专升本考试是选拔性的考试，录取分数较高，难度较大，同时我又是跨校升本，难度就更大了。参考历年来的录取规律和上一年度录取分数线，预计 2012 年录取分数将达到 280 分，为了保证能够录取，我的目标是总成绩不低于 290 分。力争计算机总分不低于 110 分，英语总分不低于 85 分，语文（含大学语文和应用文两部分）总分不低于 110 分。

二、措施

（一）加强基础知识点的复习。专升本考试大多是基础知识的考核，基础知识扎实，也是总体能力提高的有力保证。

1．计算机基础知识复习。根据计算机的学科特殊性，基础知识复习要多做习题。保证每天做一套模拟题，争取得满分。同时要多上机操作，以便更加直观的理解和吸收理论知识，达到理论和实践的统一。

2．英语基础知识复习。根据英语的学科特点，结合自己词汇量不足，语法掌握不扎实的现实问题，要加大词汇量的储备和掌握必考的语法点。每天必须识记 100 个新单词。每天背新单词前要复习前一天的旧单词，确保记忆质量。同时还要多做语法选择题，以保证学以致用。

3．大学语文基础知识复习。由于自身语文基础较好，这部分的复习重点在于查漏补缺，结合以前做过的习题，填补知识漏洞，以夯实基础。

4．应用文基础知识复习。应用文主要是通过《导学手册》进行系统复习，用一周时间，切实掌握必考文种的基本知识，为第二阶段的写作打下坚实基础。

（二）保证重点题型解题能力的提高。

1．计算机程序部分。计算机程序部分满分 50 分，是计算机得高分的关键，所以每周必须保证所有程序写 5 遍，做到熟能生巧，举一反三。

2．英语阅读部分。英语阅读共四篇，总分 40 分，可以说“得阅读者得天下”。为了保证阅读分数，复习阶段要以全国英语四级真题为工具，加强练习，保证不丢分。

3．大学语文主观题部分。大学语文重点考核精读文章的理解，在总复习阶段，要多参考复习资料后面的课后习题主观题部分，达到熟练记忆和灵活运用的有机统一。

4．应用文写作部分。应用文写作分一大一小，两篇文章，总分 40 分。为保证写作部分成绩，必须对必考文种的写作多加练习，保证每个必考文种的写作熟练掌握。

三、步骤

总复习阶段计划历时一个月，以每周为一个单位，复习分三个阶段。

（一）第一个阶段为前两周，切实落实各学科基础部分基础知识点的掌握和查漏补缺。

（二）第二个阶段是第三周，对各学科重点题型做到逐一击破，熟练解答。

（三）第三个阶段是第四周，主要是做模拟题，以检验基础部分和重点题型的掌握情况和熟悉考试模式。

计划人：×××

××××年×月×日

简评：范文中撰写的是一名即将参加专升本考试的学生的学习计划。按照计划写作的一般格式撰写，前言部分明确了制定计划的原因和目标，交代了制定计划的背景情况。主体部分从目标、措施、步骤三个方面入手，对学习做了具体的计划，格式规范，内容充分。

计划写作的参考模板：

××××××年×××计划

前言：制订计划的依据、目的、前段工作的情况（为什么做）

主体：目标（做什么）

措施（怎样做）

步骤（何时做好）

结尾：号召或者希望

单位名称或个人姓名

××××年×月×日

任务实施

练一练

1．请补充完整下列计划类文书的标题，注意计划类文书种类的选择。

- 某银行对入世后该银行可能受到的影响、冲击与业务的发展前景作________
- 某银行针对加快个人消费信贷业务工作对下级下达开展该项工作的________

- 某学校于下月将要开展食堂监督自查工作，事先要作个________
- 下达对2013年全省安全工作的________
- 某公司要拟定解决2015年重组的实施________
- 某市五年的经济与社会发展________

改一改

2．找出并修改这则计划中的错误。

> ××中学新苗文学社计划
>
> 为全面贯彻教育方针，落实学校关于大力开展课外学科小组活动的意见，我社制定活动计划如下。
>
> 1. 本学期举办文学作品欣赏两次，写作技法讲座两次（由语文组辅导老师负责），读书札记交流一次。
>
> 2. 组织一次秋游，一次外出采访活动。
>
> 3. 本社成员每周练笔不少于两篇，从中选出优秀习作向省市报刊推荐；一学期发表的习作不少于五篇。
>
> 4. 积极参加省市级作文竞赛、演讲比赛、读书活动竞赛，力争拿到名次。
>
> 5. 与兄弟学校文学社团加强联系，10月份组织部分社员外出“取经”。
>
> 6. 学期结束，评选优秀社员；做好补充新社员工作。
>
> 2009年9月

写一写

3．根据下面这则通知，拟定一份活动计划。要求格式正确，内容完备。

关于举办“五·四”爱国歌曲大合唱比赛的通知

各班级：

为活跃校园文化生活，进一步推进“学规范、促养成、树形象”主题教育活动，培育广大师生的爱国主义和集体主义情操，经学校研究决定举办“五·四”爱国歌曲大合唱比赛。现将有关事项通知如下。

一、参赛形式：以班级为单位。人数少的班级经团委认可可以联合参赛。

二、比赛曲目：团委拟订爱国主义歌曲目录，各班级在其中选择一首。若另选曲目，必须征得团委同意。

三、比赛时间：暂定于5月6日下午13:30～17:00进行。

四、比赛地点：校篮球场。

五、参赛基本要求：

1. 全体在校学生参加；

2. 统一服装；

3. 每个班级确定一名指挥；

4. 规范仪表。

六、其他要求：

1. 各班级在 4 月 27 日前选择好曲目，并将歌曲伴奏和指挥名单报到团委办公室；

2. 各班要精心准备，认真组织排练，确保演出效果。

××学校共青团委员会

2013 年 4 月 22 日

任务四 撰写总结

任务导入

无锡市江南公司财务部出纳兼公司文员古月，参加工作已经一年多了，临近年关，她要撰写一份财务工作总结，急需相关的写作指导来帮助她完成这份总结。

任务要求

- 了解总结的性质、作用以及特点；
- 掌握总结的写作思路；
- 能够根据相关要求独立撰写总结。

知识准备

一、总结的性质及作用

总结是单位或个人对过去一个阶段的工作、学习或思想情况做出系统的回顾、归纳、分析、评价，从中得出规律性认识用以指导今后工作或学习的事务性文书。

总结是对实践的认识，总结的过程就是由感性认识上升到理性认识的过程，总结对今后的工作有促进和推动的作用。

总结来源于前一阶段的分析和评价，总结有启示和借鉴的作用。

总结所得出来的经验和教训，是开展今后工作的依据，总结还有指导的作用。

二、总结的特点

1. 自我性

总结一般是针对本单位或本人的具体工作而写的，是对自身社会实践回顾、分析、评价的产物，因此总结采用第一人称写作。

2. 阶段性

总结与计划相反，计划是预想未来，总结是回顾过去。总结要反映的是前一个阶段的工作情况，因此总结具有阶段性。

3. 论说性

总结要以组织或个人自身的实践活动为依据，所涉及的事例和数据都应是可靠的、科学的，总结要在这些事实的基础上对是非、功过、得失进行分析，并加以论证，从中找出规律，吸取教训。因此，总结的理论性较强，带有论说性的特点。

4. 指导性

总结的目的是为了提高思想认识，指导今后扬长避短，更好地开展工作，因此总结具有指导性。

三、总结的类别

总结在工作和生活中被广泛使用，种类繁多。按照不同的标准，大致可以分以下几类。

① 按范围分：有行业总结、单位总结、部门总结、个人总结等。

② 按内容分：有工作总结、学习总结、思想总结、生产总结、销售总结等。

③ 按时间分：有年度总结、季度总结、月度总结等。

④ 按性质分：有综合总结、专题总结等。

资料卡

综合总结：又叫全面总结，是单位、部门或个人对一定阶段所做的各方面工作的综合性分析、总结，是全方位、多角度、深层次的总结。

专题总结：是对某个方面单项工作完成后所进行的总结，它内容单一集中、重点突出、针对性强，偏重于总结经验，理论性较强。

四、总结的写作

总结一般由标题、正文和落款三个部分组成。

1. 标题

总结的标题常见的有三种写法。

（1）公文式标题

公文式标题由单位名称、时限、事由、文种构成，如《××公司关于××年度的工作总结》。有的总结标题中也可以不出现单位名称，如《2012 年度创新工作总结》、《安全工作总结》。这种标题多用于综合性总结。

（2）文章式标题

文章式标题是因概括文章的内容或基本观点而形成的标题，不出现总结字样，但对总结内容有提示作用，如《企业围绕市场转 产品随着效益变》。这种标题一般用于专题总结。

（3）复合式标题

复合式标题，就是分别以文章式标题和公文式标题为正副标题，先拟一正标题，用结论性语言提炼出总结的核心内容，然后再加副标题，说明总结单位、时限、范围等，如《一切为了学生 为了学生的一切——2012 年度班主任工作总结》。

2. 正文

总结的正文一般是由开头、主体、结尾三个部分组成，各部分均有其特定的内容。

（1）开头

总结正文部分的开头也叫前言。开头部分的主要内容是情况综述，即简明扼要地概述基本情况，交代事件、背景，取得的主要成绩或效果等。开头部分的语言要求简明扼要，紧扣中心，统领全文。

（2）主体

主体是总结的主要部分，此部分应该重点写好三个方面的内容。

一是基本做法、成绩和经验。这是主体部分的重点，也是总结最核心的部分。要写明做了哪些工作，采取了哪些措施，取得了哪些成绩，其主客观原因是什么，有哪些体会等。这些内容要用确实的材料和数据来说明成绩，提炼和概括出具有指导意义的经验。做法和成绩是基础材料，可以适当简略一点，经验和体会是重点，要详细列出。要点面结合，重点突出，数据具体，有较强的说服力。切忌面面俱到，不分主次。

二是存在的问题和教训。这部分内容要求用一分为二的观点看待问题。在总结经验和体会的同时，也要看到其中的不足和缺憾，并且分析其主客观原因，由此得出教训，指导以后的工作。

三是今后工作和努力的方向。这部分主要是针对以上两点展开的，提出今后改进工作的设想、安排、打算等，这部分内容可以写得简单明了。

资料卡

总结主体部分的结构

模块式结构：按“情况—成绩—经验体会—问题—今后设想”或者“做法—效果—体会”的顺序，分成几个模块来写。这是最常用的结构，适用于单位总结、个人小结或体会。

阶段式结构：按时间顺序，将工作分几个阶段来写，每个阶段再按模块式结构写。适用于写时限较长而又有明显阶段性的工作总结。

并列式结构：根据内容归纳出几个观点，拟出小标题，按照序号并列排列，逐一叙述。适用于专题总结。

（3）结尾

总结可以自然收尾，即不写结尾；也可以概括全文，提炼主旨，这在专题总结中较为常见。

3. 落款

在正文的右下方署上总结单位名称或总结人姓名，署名下方再署上时间。如果单位名称在标题上已经注明，那么落款中只需在正文右下方署上时间即可。

五、总结写作注意事项

1. 注意总结与计划的区别

总结是在一段时间的工作或任务完成之后写的，而计划则是在工作之前制定的。总结是对计划实践的检验，而计划则是工作的蓝图。

总结要阐明做了什么，做了多少，做得怎么样，重点在做得怎么样，为什么能做成这样，而计划则是阐明做什么，怎样做，何时做，做到什么程度。

2. 要坚持实事求是的原则

实事求是，一切从实际出发，这是总结写作的基本原则。总结应该有一说一，不夸大、不文饰。

3. 表达方式要叙议结合

总结在表述上要求叙议结合。介绍工作的基本情况、过程和做法时，多用叙述；

总结工作得出的经验和体会，分析问题的时候，多用议论。

范文赏析（一）

××公司2012年度培训工作总结

回顾2012年培训工作，我们××公司持之以恒贯彻落实建设学习型公司、培育学习型员工的精神，牢固树立“培训是公司的长效投入，是发展的最大后劲，是员工的最大福利”的思想，为推动公司产品向更高目标发展作出了积极贡献。现进行如下总结。

一、培训工作情况

2012年共举行内训24项，质量管理意识培训占46%，专业技能培训占50%，规章制度与职业道德培训占4%，共计5785课时，参训27人次。

培训课程主要集中为以下几类。

1．员工必修类：企业文化培训、职业道德规范、管理制度。

2．重点培训：软件测试、开发及管理、CMMI3。

3．新员工岗前培训。

二、培训费用

2012年培训费用总计为522 397.50元。

三、培训工作分析

（一）取得的成绩

1．2012年度的培训工作与2011年度相比，从培训项目数、举办培训课程次数、接受训练的人次等方面，取得了一定的进步。

2．建立制度性培训体系。以往，公司培训工作缺乏系统性制度，培训管理幅度和力度很弱，培训资金无保证，员工培训意识差，培训工作开展十分困难。今年质量管理部投入大量精力，在总结了以往公司培训经验的基础上，优化培训管理流程，完善教育培训制度。重点加强了培训需求分析和培训项目审批流程，在多次征求各单位意见后，全面提升了公司培训工作的制度化管理。

3．在2010年公司通过ISO 9001：2000标准认证和CMM认证的基础上，引入ISO 10015、GB/T 19025-2001和MQMS体系知识，逐步掌握与国际接轨的培训管理制度和工作程序，建立和完善职工培训教育的质量保证和效果评价体系。

4．不断改进培训方式，积极探索新的培训模式。

（二）存在的问题和不足

1．培训工作考核少，造成培训“参加与不参加一个样，学好学孬一个样”的消极局面，导致培训工作的被动。

2．培训形式缺乏创新。只是一味地采用“上面讲、下面听”的形式，呆板、枯燥，提不起学员的兴趣，导致学员注意力不集中，影响了培训效果。

3．原则性不强。不能严格执行培训纪律和有关规定，对违反者睁一只眼闭一只眼，不能按章办事，这是导致培训纪律松懈、秩序较乱的主要原因。

4．在年中所做培训中我们还不难发现，一部分人员感觉培训过于频繁，另外一部分员工则反应得不到相应培训，这是一个不容回避的问题，作为致力于学习型组织的企业，首要的培训任务是要使全员树立培训意识，为企业发展和自我发展充电。而培训层面的不均衡，更是需要2013年去大力改善。

5．内部讲师授课技巧普遍不高，制作课件水平不足，自主研发课程能力有所欠缺。这些都需要改善，进一步规范内部讲师管理，提升内部讲师授课水平，推行内部讲师认证，真正打造一支合格称职的内训师队伍。

2013 年，公司一定会利用一切有利条件，继续做好培训基础工作，争取建立培训资源网络，进一步丰富企业培训资源，重点打造一支富有实践经验、熟悉现实情形的内部讲师团队，以便培养更优秀的员工。

2012年12月31日

简评：范文中撰写的是一则年度培训工作总结。其写作的思路是“基本情况—取得的成绩—存在的问题—今后的设想”。

该总结结构清晰，条理分明，用序号的方式将内容条分缕析地罗列出来，并在最后提出了今后工作的设想。

范文赏析（二）

2012—2013 学年第一学期工作总结

日子过得真快，转眼间，一个学期就要过去了。在校领导和同事们的帮助下，我顺利地完成了本学期的工作。回顾这一学期，既忙碌，又充实，有许多值得总结和反思的地方。现将本学期的工作做一个小结，借以促进提高。

一、加强学习，不断提高思想业务素质

“学海无涯，教无止境”，只有不断充电，才能维持教学的青春和活力。一学期来，我认真参加学校组织的新课程培训及各类学习讲座。另外，我还利用书籍、网络认真学习了美术新课程标准、艺术教育新课程标准，以及相关的文章，如《教育的转型与教师角色的转换》、《教师怎样与新课程同行》等。通过学习新课程标准让自己树立先进的教学理念，也明确了今后教学努力的方向。平时有机会还通过技能培训、外出听课、开课等使自己在教育教学方面不断进步，为自己更好的教学实践作好了准备。

二、求实创新，认真开展教学、教研工作

教育教学是我们教师工作的首要任务。本学期，我努力将所学的新课程理念应用到课堂教学实践中，争取用活新教材，力求让我的美术教学更具特色，形成独具风格的教学模式，更好地体现素质教育的要求，提高美术教学质量。

我任教四年级的美术课和一年级 3 个班的书法课，共计 19 节课，另外还有 4 节美术选修课，课时量比较大。在日常教学中，我坚持切实做好课堂教学“五认真”。课前认真作好充分准备，精心设计教案，并结合各班的实际，灵活上好每一堂课，尽可能做到课堂内容当堂完成，课后仔细批改学生作业，不同类型的课，不同年级采用不同的批改方法，使学生对美术更有兴趣，同时提高学生的美术水平。另外，授课后根据得失及时写些教后感、教学反思，从短短几句到长长一篇不等，目的是为以后的教学积累经验。同时，我还积极和班主任进行沟通，了解学生，改进教法，突破学法。针对旧教材内容陈旧、单一、脱离学生实际的问题，我积极进行校本课程的开发与设计，设计了“神奇的鞋子（设计发明课）”、“我的椅子（写生课）”、“神奇的椅子（设计课）”、“美丽的门帘（易拉罐制作）”等课，着重培养学生的综合实践能力和创新思维能力。

美术选修课的教学，我采用系统性、阶段性相结合的原则，做到定时间、定地点、定内容，使每堂课都能让学生有收获。总之，不管在课堂教学，还是在选修课教学中，我都以培养学生能力，提高学生的素质为目标，力求让美术教学对学生的成长和发展起到更大的作用。

三、任劳任怨，完成学校其他工作

本学期我校开展了一系列的比较大型的文艺表演活动，如“英语周活动”，大型“英语剧”表演，“小学部师生手工制作发明展览”等；同时还有许多的宣传海报、展览橱窗、各科的课件制作等任务。其中不仅涉及很多的美术宣传工作，有的更是需要我们全程积极参与创作作品。对于学校布置下来的每一项任务，我都能以我最大的热情把它完成好，基本上能够做到“任劳任怨、优质高效”。

四、加强反思，及时总结教学得失

反思本学年来的工作，在喜看成绩的同时，也在思量着自己在工作中的不足。不足有以下几点。

1．对于美术新课程标准的学习还不够深入，在新课程的实践中思考得还不够多，不能及时将一些教学想法和问题记录下来，进行反思。

2．教科研方面本学年加大了学习的力度，认真研读了一些有关教科研方面的理论书籍，但在教学实践中的应用还不到位，研究做得不够细和实，没达到自己心中的目标。

3．美术教学中有特色、有创意的东西还不够多，本来想在美术选修课中开设“儿童水墨画”兴趣小组，但由于种种原因也没能实现，今后还要努力找出一些美术教学的特色点，为开创石岩公学美术教学的新天地作出贡献。

其他的有些工作也有待于精益求精，以后工作应更加兢兢业业。

×××

××××年×月×日

简评：范文中撰写的是一份个人学期工作总结。它属于专题总结，采用了并列式的结构，将一学期的工作归纳成几个要点，并拟定了小结性的小标题，层次清晰，格式规范，内容充分。

总结写作的参考模板：

×××××××××的总结

开头：介绍基本情况

正文：一、取得的成绩，经验

二、存在的问题和不足

三、今后的设想

×××

××××年×月×日

任务实施

练一练

1．请阅读下面的这篇总结，完成练习。

我自幼喜欢书法，我也渴望自己能写出一手好字，可喜的是学校把书法教学作为语文教学的一项内容来抓。我们每周要交书法作业两张（毛笔字、钢笔字各一张），每周的书法4次作业我都认真完成，期望自己的书法能有所长进。“功夫不负有心人”，经过两年的学习，我的书法有了较大的进步。根据两年来的书法学习实践，我有下面一些粗浅的体会。

不迷不见效。我对书法从感兴趣发展到入迷。有时盯着一个写得好的字出神，有时接连不断地攻练某一个字。见到老师板书时写出来的好字，也总是摹仿着书写或空临几次。下晚自习课后，没那么早睡觉，我总是拿出字帖来练字。一次写“寰”，老写不好，上床了还用手指对着蚊帐顶空临，寻找规律。我认为，要学有成就就得珍惜兴趣，就得有这种入迷的怪脾气。

“暂停”法。俗话说：“他山之石，可以攻玉”，我从打篮球活动中“借来”一些方法也是很有效的。一场球打到关键时刻，教练员往往叫一次“暂停”，利用这点滴时间来调整一下战术，稳定一下情绪，常常能打出更好的水平。我在学书法时也借用了这种方法，当成功地写出关键性的一笔时，总是叫一声“暂停”，体会一下当时书写的动作过程，领会其所以写好的原因。字帖是不会说话的老师，我们要从其字里找到规律性的东西，就得有个领悟的过程，不能像看小说那样一目十行。而要循序渐进，有时要几次“暂停”。而这一停比坚持含糊地练效果要好。

我从对书法感兴趣到入迷，总结经验，找出规律，使我的书法有了长进。但在学书法上我也还存在不少缺点，比如缺乏虚心请教、沟通交流的精神；有时也想一步登天，楷书基础不过关，就急着练草书，这会事倍而功半。在今后的学书法过程中，更应认真努力，发扬优点，尽量把字写得更好一些。

（1）给文章加上题目和落款。

（2）按文章层次分别加上小标题，要求能体现观点，概括出规律性的东西。

改一改

2．找出下面这篇总结在写作上有何不足，并尝试修改。

××公司工作总结

半年来本公司在精神文明和物质文明方面做了许多工作，取得了很大成绩。半年来，主要做了以下工作：动员组织公司干部和广大群众学习中央文件；安排、落实全年生产计划；推行、落实工作责任制；修建子弟小学校舍；建方便面生产车间厂房；推销果脯、食品、编织产品；解决原材料不足问题；美化环境，栽花种草；办了一期计算机技术培训班；调整了工作人员，开始试行干部招聘制。

半年来，在工作繁杂，头绪多而干部少的情况下，能做这么多工作，主要是因为以下几点：

一、上下团结。公司领导和一般干部都能同甘共苦，劲往一处使。工作中有不同看法，当面讲、共同协商。互相间有意见能开展批评与自我批评，不犯自由主义。例如，有干部就经理未作商议，擅自更改果脯销售奖励办法，影响产量一事有意见，经当面提出，经理做了自我批评，并共同研究了新的奖励办法，又出现了增产势头。

二、不怕困难。本企业刚刚起步，困难很多，如技术力量薄弱，原材料不足，产品销路没有打开等。为此，领导干部共同想办法，他们不怕跑路，放弃自己的休息时间，忍饥挨饿受冻，四处联系，终于解决了今年所需要的原料，推销了一些产品。

三、领导带头。公司的几位主要领导带头苦干、实干。他们白天到下边去调查了解情况、解决问题，晚上才开会研究问题，寻找解决的办法。领导干部夜以继日地工作，使公司工作上了台阶。

写一写

3. 江南集团有限公司要举行年度绩效测评，要求员工都写好本年度的工作总结。要求格式正确，内容完备，叙议结合。

4. 结合自己的学习生活，请写一份本学期总结。

任务五　编制简报

任务导入

无锡市江南公司要求每个部门都要定期出简报，以加强各部门之间的交流沟通，加快信息的互递。财务部出纳兼公司文员古月，接到部门经理的任务，本部门的简报由古月来负责撰写和发布。所以，古月要尽快学会写简报，并编好简报。

任务要求

- 了解简报的性质及特点；
- 掌握简报的写作思路；
- 能够根据相关要求独立撰写简报。

知识准备

一、简报的性质及分类

简报，就是信息和情况的简要报道。它是机关、团体、企事业单位，为迅速反映日常工作和业务活动情况而编发的具有汇报性、交流性和指导性的行政事务文书。简报有很多名称，如“简讯”、“情况交流”、“情况反映”、“内部参考”等。

简报是个统称。从不同的角度，简报有不同的分类。从内容来看，简报可以分为“工作简报”和“会议简报”两大类。其中工作简报又可以分为业务简报、中心工作简报和问题简报等。会议简报又可以分为综合性简报和专题性简报两大类。

二、简报的特点

1. 简

简报，顾名思义，要“简”，篇幅一般都限于千字以内。每篇简报一般只反映一件事情。

2. 快

简报是单位内部编发的，内容简明扼要，形式简便灵活，反映情况、传递信息迅速及时。“快”是简报的最大特点，如果时过境迁，也就失去了报道的价值。

资料卡

简报的分类

工作简报：业务简报——重在情况和问题的介绍，不进行过多的分析、推论。
中心工作简报——重在反映形象较大的中心事件的全部过程。
问题简报——重点在问题的汇报。

会议简报：综合性简报——某一方面情况或问题的综合反映。
专题性简报——报道一个问题或一件事，也可以是它们的一个侧面。

3. 新

简报报道的应该是单位内部的新情况、新问题、新经验，这才能使人们从这些最新的信息中得到启示，起到“以小见大”的作用。

4. 实

简报所报道的各种数据和事件都应该是真实可靠的，既不夸大，也不缩小，认真核实，严守真实准确的原则。同时，简报还要善于抓住工作中存在的问题，对事件的评价要客观恰当。

三、简报的写作

简报是财经商贸应用文中规范性较强的文种，被称为“准公文”，它有一定的格式，一般包括报头、报体和报尾三个部分。

1. 报头

简报的报头在首页的上方，一般占全页的三分之一的位置，用间隔线和报体隔开。报头的内容一般包括简报名称、简报期号、编发单位和编发日期。

简报名称一般用套红印刷、居中、字体稍大。如“××简报”、“××信息”、“××情况”等。

简报期号位于简报名称的正下方，一般按年度依次排列期号，有时可以使用统编的累计期号，也可以写清“第×期 / 总第×期”。

编发单位应该用全称，标注在简报期数的下方，间隔线之上的左侧，如“××公司办公室”、“××领导小组办公室”、“××会议秘书处”等。

编发日期写在简报期数的下方，间隔线之上的右侧，与编发单位平行，如“××××年×月×日”。编发日期以领导人的签发日期为准。

此外，简报如需标密级，则应标在简报名称的左上方，如“秘密”、“机密”、“绝密”等，也可以写“内部刊物，注意保密”的字样。如果简报需要编号，则可以标在简报名称的右上方，如“001”、“002”、“003”等。

2. 报体

报体又称报核，是简报的主体部分，它位于间隔线以下的中间部分。主要包括导语、主体和结语三个部分。也可以在结语后的右下方加括号注明供稿单位或供稿人。

（1）导语

导语是简报正文的开头部分，一般用简洁的语言，概括全文要点或提出主要问题，或点明文章主旨，它关系着主题的表达、结构的安排、思路的发展，要求新颖而不故弄玄虚。写法可以是叙述式、提问式、结论式等。

资料卡

简报导语的写法

叙述式：类似新闻的导语，写清楚时间、地点、人物、事件、原因。

提问式：鲜明、尖锐地提出问题，然后在下文用事实来回答。

结论式：提出结论意见，然后在下文中做具体阐述。

（2）主体

主体是简报主体部分的重点，是简报的核心，具体阐述简报所要报道的主要内容。要用富有说服力的典型材料，把导语中所概括的主旨和内容加以具体化。内容要紧接导语，观点鲜明，材料详略得当，由于内容较多，所以必须恰当地分出层次和段落。结构上可以采用纵式结构，按照事情发生、发展的时间顺序安排层次，也可以采用横式结构，即将材料归纳成若干类，按照逻辑顺序来安排层次。有些简报的内容比较复杂，还可以采用纵横交错的结构形式，有时还可以用小标题的形式概括每个层次的内容，使主体部分脉络清晰。

（3）结语

结语一般是最后一段或是最后一句话，用于对简报内容的概括小结，也可以指出事物发展的趋势，或提出希望，或对简报内容加以评述。撰写结语要注意不要与开头和主体重复，如果内容在主体部分已经全部撰写清楚，那么也可以不要结语。

此外，有些简报还会在报体部分加上按语和标题。

按语是由简报的编发部门加入的说明性或评论性材料，目的是为了表示发文单位对本期简报所反映的情况或提出的问题的倾向性意见，帮助读者加深对简报内容的认识和理解。按语在简报中没有固定的位置，常常放在间隔线以下，标题之上，加上"编者按"或者"按语"的字样，按语的字体要与报体的字体不同，以示区别。

标题写法灵活自由，可以用新闻式标题，也可用文章式标题或公文式标题。标题要求简短醒目，形象生动，能引起读者的注意。如果简报有按语，标题则放在按语的下方，居中的位置。如果没有按语，则放在间隔线下方，报体之上的居中位置。

资料卡

按语的类型

说明性按语：对编发简报的原因、根据、目的和材料的现实意义作简要说明，文字简短。

批示性按语：对简报材料进行评论，提出看法和意见或对下级的要求，这是最常用的按语。

提示性按语：扼要地介绍简报的要点，帮助读者抓住中心，适用于较长的简报。

3. 报尾

简报的报尾位于简报最后一页下方，一般占三分之一的位置。也用间隔线与报体分开。报尾部分要注明简报的发送范围和简报份数。

简报的发送范围位于左上方顶格位置，分三行排列，按受文单位和部门的不同级别，有报、送、发三种形式（报：上级机关；送：平级或不相隶属机关；发：下级机关和部门）。

简报份数位于简报发送范围的右下方，注明"共印×份"。

四、简报的写作注意事项

1. *反应要快*

简报类似新闻报道中的“消息”，所以撰写要及时，内容要新鲜，要强调其时效性。

2. *内容要真实*

简报的材料必须是现实中的真实情况，不可随意编造，也不需要“合理想象”，简报的所有材料必须准确无误，实事求是，这样才具有交流与传达的价值。

3. *文字要简洁、朴实*

简报是一种简短、灵便的文书，写法要直截了当，开门见山，简明扼要，短小精悍。简报不同于文学作品，一般不用描写，更不需要抒情，文字要朴实无华，干净利落。

范文赏析

情况简报

第×期（总第×××期）

××××××××政府办公厅编　　　　2010年6月3日

按语：近期，全国屡次出现校园安全问题，维护校园安全已经成为政府、学校、家庭集中关注的问题。希望各有关单位学习经验、寻找差距，认真做好校园安全工作。

维护校园安全　呵护祖国花朵

——成都市5月份小学幼儿园安全工作情况

5月份以来，成都市教育部门高度重视加强校园内外安保工作，经过学校、警方、家长和学生等各方面的积极配合，本市小学幼儿园的安全工作在安全思想教育、安保人员培训与配置、硬件配套设施等方面都得到了较大改善。

（一）安全思想教育方面

成都市各区（市）县陆续召开校园安全工作会，强调学生安全。学习传达中央和省委、省政府、公安部领导指示精神，深入分析当前我市校园及周边社会治安稳定形势，安排部署学校、幼儿园及周边治安整治专项行动，切实维护校园安全稳定。在青羊区教育局召开的校园安全工作会上教育局提出学校应该坚持“课后一分钟安全教育”，规定全区学校要利用晨会、班会等时间对师生们进行安全常识和自护自救等安全教育培训。

家长和学生应接受安全思想教育，并积极参加到维护校园安全的实践中来。在成都岳家桥小学上学时段，有不少家长配戴红色袖标作为家长“义工护卫队”出现在校门口，他们不仅送自己的孩子上学，同时还看护同行而来上学的孩子。另外，学校还在学生中挑选了强壮的孩子组建了“学生校园110”，这些孩子将在校园进行巡逻和劝导。学校每周二还开设了“学生安全能力”演练，以增强孩子们在紧急情况下的应急自救能力。

（二）安保人员培训与配置方面

成都市多所小学、幼儿园的保安、教师、学生参加了由各辖区公安机关主办的“校园安全演练活动”，培训保安擒敌技能、为学校保卫人员发放安保器材以及组织师生与家长共同参与安全培训。

为确保成都校园安全，成都市教育局制定了5项措施加强安全保卫，还与成都市公安局联合推出了“一校一警”制，协调当地公安部门在学校上学、放学时段至少安排一名警察或治保人员进行巡逻。成都市教育局还规定，学校必须在校园及周边建起三道防线，即校门外有警察、校门口有保安、校内有护校队。1000人以上的学校要与当地公安部门联系设立治安岗亭或警务室。

培华小学校长杨晓丹说，学校实行了“一岗双责”制，加强了与警方联系，每天上学、放学以及学校大型集会，警方、社区及校园安全巡逻大队都会抽调专人到学校，确保师生安全。

（三）硬件配套设施方面

成都市将投入700万元为小学幼儿园建“校园天网”，在每所学校都建立起校园安全监管网络系统。金牛区教育局相关负责人表示，目前金牛区正在幼儿园和中小学布点调研，制定安保方案，根据校园布局在视线死角和重要聚集场所都将安装摄像头监控校园安全。

目前，学校重点要害部门的物防措施落实率达到100%，市教育局也督促学校新增配备警棍1860余根，防刺手套199双，喷雾剂128支，对讲机371个。所有学校（幼儿园）均建立了消防安全档案。其中，成都高新区芳草小学还制定了科学的安全事故应急处理预案。

成都市在小学幼儿园安全工作方面确实取得了较大的成绩，为学生们健康成长和快乐学习提供了良好的环境保障。

报：市政府。
送：各区（市）县人民政府、市教育局、市公安局。
发：各辖区派出所。

共印100份

简评：范文撰写的是一篇较为复杂的简报，它严格按照简报的常规格式撰写，分为报头、报体、报尾三个部分。

报体部分由标题、导语、主体、结语四个部分构成。主体部分更是用小标题将简报内容进行了归纳整理，层次清晰。

简报写作的参考模板：

密级　　　　　　　　　　　　**编号：**

××简报

第×期

编发单位　　　　　　　　　　　　印发日期

标题

正文（分段落）

报：
送：
发：

共印×份

任务实施

练一练

1．根据下面的内容完成习题。

由新加坡组织的友好访华团一行 22 人，在西安市国际旅行社徐景等三人的陪同下，于 3 月 20 日至 26 日在西安、三门峡、洛阳等地进行了参观访问。

该团由于参观的地区很多，路线很长，所以活动日程安排得非常紧张，但徐景等三位同志发扬了不怕苦不怕累的精神，互相勉励、团结合作，很好地完成了陪同任务。

徐景等同志在长途旅行中，不仅安排和照顾好了客人的住食行，而且还为客人搬运行李上下车，一路十分辛苦。

3 月 22 日晚饭后，团里一位客人突然病倒，徐景不顾一日劳累，马上背起病人送往医院治疗。治疗好病人返回宾馆的住处，大约已经到深夜了。她虽然非常劳累，但还是保证了第二天三门峡旅程的顺利成行。

3 月 24 日下午，在离开三门峡前往洛阳的途中，旅游车不慎撞伤一个农村小姑娘。当时伤情十分严重，气氛相当紧张，就连在场的外宾也十分担心和害怕。她们果断采取应急措施，在安稳外宾情绪的同时，立即把那个受伤的小姑娘送往十多里外的乡医院进行医护处理，然后又打电话求援。经过多方面的联系，由徐景同志乘当地乡政府提供的一辆面包车，把伤员转往三门峡市医院治疗。全团客人继续驱车前往洛阳。徐景同志处理完那个受伤的小姑娘的事后，第二天又回到洛阳，继续参加陪同工作。

这一突发事故前后仅一个多小时就得到了妥善处理。这件事在社里传开后，大家都交口称赞，并纷纷表示要向她们学习。新加坡的客人也很感慨：“虽然旅游中发生事故是很遗憾的事，但中国姑娘果断处理事故的能力却令人佩服，中国姑娘真棒!”

（1）提炼内容，选取材料中的一件事作为简报的主要内容，可以适当添加文字。

（2）自拟一个标题作为简报报体的标题，要求凸现主题。

（3）简报中请加上批示性按语。

（4）以陕西旅游局的名义制作规范报头。

改一改

2．找出并修改这则简报中的 5 处错误。

××函授大学全国教学工作会议简报

××年××月××日　　　　××函授大学秘书处

“××函大”全国教学工作会议在京召开

经过一段时间的积极筹备，中国××函授大学全国教学工作会议于×年×月×日在北京正式召开。

参加今天会议的有中国××研究会的部分理事、各地辅导站代表、学员代表和校部教职员共70余人。今天上午和下午都召开了全体会议。

上午，校务委员会主任××同志在开幕词中讲了这次会议的宗旨。他说：我们召开这次会议，是要交流、总结各地辅导站的工作经验，研究如何提高教学质量，明确今后的办学方向，讨论执行、考试问题。希望大家畅所欲言，为“××函大”开创新局面献计献策。紧接着，各地代表分组进行了讨论。讨论会上，×同志对如何开好这次大会，还提出了许多宝贵意见。在下午的会上，教务长×××同志结合一些辅导站的情况，进一步强调：要办好面授辅导站，必须争取当地文教部门领导的支持，必须要有一个坚强的领导班子和高水平的教师队伍，以切实保证教学质量的稳定，以质量取信于社会，同时还必须严格财务管理制度，坚持勤俭办学的原则。

“××函大”顾问、××大学教授×××先生，虽已年逾80，但仍不顾气候炎热，到大会看望大家并讲了话。他指出，函授教育是一种很好的形式，这种形式有很多好处：一是节约人力，学员可以边工作边学习；再是花钱不多，却能为国家培养出大量人才；此外，面授辅导要搞好，就得搞资料交流，资料要有针对性，要解决学员提出的实际问题。×老的讲话给了与会者巨大的鼓舞，受到大家的热烈欢迎。

送：

报：

发：

共印××份

写一写

3．江南集团有限公司10月份获得了较好的业绩。部门经理召开会议，就10月份的优秀业绩做了公开表彰，并总结了获得成绩的原因，布置了下月的工作目标。请根据以上内容，适当添加材料，撰写一份简报。要求格式正确、内容完备。

项目五

常见的财经商贸公务文书

项目引领

在日常工作中，财经商贸人员除了本专业知识外，还应具有必要的公务文书写作知识和写作能力，以帮助自己提升职场竞争力。

项目目标

知识目标：

1. 了解通知、通报、报告、请示、函等文种的性质；
2. 掌握公务文书写作的结构要素。

能力目标：

1. 能形成公务文书写作的思路；

2. 能独立完成公务文书的写作。

任务一　撰写会议通知

任务导入

无锡市江南公司财务部出纳兼公司文员古月，刚进公司不久，公司总经理要求她拟写一份公司召开年终总结表彰大会的文件。时间紧急，古月必须及时草拟出格式规范、内容完整的会议通知。

任务要求

- 了解通知的性质及特点；
- 掌握会议通知的内容要素及写作思路；
- 能够根据相关要求独立撰写会议通知。

知识准备

一、通知的性质及分类

通知是一种知行文体，《党政机关公文处理工作条例》（中办发〔2012〕14号）中明确指出："通知，是适用于发布、传达要求下级机关执行和有关单位周知或者执行的事项，批转、转发公文。"

根据通知的性质和内容，一般可以将通知分为"会议通知"、"工作通知"、"转发性通知"、"发布通知"等四类。

二、通知的特点

1. 适用范围广

通知的适用性强，运用广泛。它不受发文内容重要与否的限制，大至国家的事务，小到一个单位或具体部门的具体工作安排，都可以使用通知。

2. 使用频率高

通知是公文中使用频率最高的文种。它不受发文单位级别高低的限制，党委、政府、企事业单位等，一切大小单位都可以使用通知；同时，它较少地受行文方向的限制，多为下行文，有时也可作为平行文。

3. 内容专项性强

通知内容比较单一，往往是“一事一通知”，即一个通知解决一个问题。因此，通知的内容相对更为具体明确，表述也更为简练准确。

三、会议通知的类别

会议通知的主要功能是对会议的有关事项进行交代说明。根据会议时间的长短、会议规模的大小，会议通知的形式也较为多样。在实际的企业工作中，主要涉及以下两种情形。

① 会议时间较短、单位内部或规模较小的会议。这种会议通知常常张贴在单位的“布告栏”或发布在单位的办公平台上，内容只有一句话或一段文字。

② 会议时间较长、规模较大的会议。这类会议通知一般以文件形式下发，内容要素齐全、格式规范完备。

四、会议通知的写作

会议通知的结构包括标题、主送机关、正文、落款四部分。

1. 标题

会议通知的标题一般由“发文机关单位名称”、“事由”、“文种”三要素组成，如《河北省信息产业与信息化协会关于召开通信企业座谈会的通知》、《中国工商银行股份有限公司关于召开2012年度股东年会的通知》。有时也可以省略发文单位，由“事由”和“文种”组成，如《关于召开党员大会的通知》。

2. 主送机关

会议通知的主送机关就是通知的受理单位，常常用模糊性的同类型单位的统称，如“各院系部处所”、“各分公司、集团各部门”等。

3. 正文

会议通知的正文一般由通知的开头、主体、结尾三部分构成。

（1）开头

会议通知开头由“发文缘由”和“过渡句”两个部分组成。

“发文缘由”包括发文的原因和目的。发文的原因一般有两种情况：一是理论原因或理论依据，即上级或本单位领导的决议、决定，或者有关的法规、政策等，常以“根据×××××精神”、“经×××××批准”等句式出现；二是现实原因或现实依据，一般是写工作中出现的新情况、新问题等。发文的原因可以是单方面的，也可是多方面的。发文目的，即写明通知想要达成的效果，一般以“为×××××”句式出现。通常情况下，先写发文原因，后写发文目的。有的通知只写发文的目的。

发文缘由写完后，通知的过渡句一般以“现将有关事项通知如下”、“特作如下通知”等惯用句过渡到会议通知的主体部分。

（2）主体

主体部分即会议通知事项。这是会议通知的核心部分，要将会议通知的“内容要素”写明确、具体。一般而言，会议通知的必有要素包括会议内容、参会对象、会议时间、会议地点；会议通知的或有要素包括会议负责部门、联系方式、材料要求、乘车路线、回执信息等。

内容简单的通知，可以紧承开头，开头、事项篇段合一；内容较为复杂的通知，可按内在的逻辑联系，分条列项写作。

资料卡

会议通知的内容要素

必有要素：会议内容、参会对象、会议时间、会议地点。

或有要素：会议负责部门、联系方式、材料要求、乘车路线、回执信息等。

（3）结尾

会议通知可以不写结尾，也可以“特此通知”、“专此通知”等惯用语收尾。

（4）落款

落款应加盖通知发文机关单位的印章，并签署成文日期。

范文赏析

关于召开2012年度财务工作会议的通知

江工投〔2012〕100号

各所属企业：

为全面掌握集团公司的财务状况和财务会计信息，加强交流，经研究，决定召开工业集团

2012年度财务工作会议。现将有关事项通知如下：

一、会议内容

1．集团公司2012年度财务工作总结；

2．交流2012年度财务运行情况及2013年工作思路；

3．2012年财务年报工作布置。

二、参加人员

工业集团及所属企业财务分管领导和财务负责人。

三、会议时间

2012年12月27日（周二）上午9点，为期半天。

四、会议地点

锡惠大酒店太湖厅（长江路225号）。

五、有关事项

1．本次会务由总公司办公室负责。联系人：周伟；联系电话：0510-82158315。

2．每个单位发言材料打印20份，于12月15日前送至总公司办公室，发言时间控制在3分钟左右。

3．各单位务必于12月15日前将2012年度财务报告以电子形式上报集团公司，电子信箱：jnjt@sohu.com。

4．希与会人员准时参加。如外出开会，无特殊情况，务请回锡出席会议。

特此通知

江南工业投资集团有限公司（印章）

2012年12月1日

简评：范文撰写的是一则会期短、规模一般的会议通知，其思路是“通知目的、通知依据、通知事项”。

该会议通知的事项中既有必有要素，也有其他或有要素，且这些要素都以小标题形式出现，一目了然。另外，会议的时间、地点都非常具体。下级单位或人员接到这样的通知就易于执行和办理。

会议通知写作的参考模板：

××关于召开××××××的通知

××〔××××〕×号

各单位：

召开会议的原因、目的……。现将有关事项通知如下：

一、会议内容

二、参加人员

三、会议时间

四、会议地点

五、有关事项

……

特此通知

××××××××（印章）

××××年×月×日

任务实施

练一练

1．下列通知的发文缘由包括哪些内容？试分析之。

（1）今年10月18日，我省将组织第四次义务教育阶段学生学业质量测试与分析，为做好测试分析的各项组织工作，定于10月9日召开2012年全省义务教育阶段学生学业质量监测动员会。现将有关事项通知如下。

（2）根据陕西省财政厅和省国资委《关于做好2012年度财务会计决算报表编制工作的通知》精神，为了做好全省盐行业财务会计决算报表编制工作，全面掌握全省盐业系统的财务状况和财务会计信息，决定召开2012年度全省盐行业财务会计决算会议。现将有关事项通知如下。

（3）根据市总工会工作要求，结合我公司工会工作的需要，已对集体合同、工资集体协议、女职工专项保护合同在第二次职代会上进行了审议。代表们对集体合同提了建议和意见，工会对这些意见进行了归纳并上传给各个事业部总经理。现对代表提的建议和意见进行回复，工会将组织职工代表对回复意见进行审议，审议通过后实施。由于时间紧迫，现将召开职代会会议的时间定在2010年11月25日（星期四）下午，具体有关事项通知如下。

（4）为贯彻落实2012年全国安全生产电视电话会议精神，部署集团2012年安全生产工作，集团决定召开安全生产视频会议。现将有关事项通知如下。

2．根据上述四则材料，拟写出会议通知的标题。

改一改

3．找出并修改会议通知中的5处错误。

> 江南机械制造有限公司《会议通知》
>
> 各部门：
>
> 今年是“三八”国际劳动妇女节103周年。为更好地动员和引领广大女职工继承和发扬妇女运动的光荣传统，展示新时期女职工开拓创新、奋发有为、建功立业的精神风貌。经研究，决定召开公司女职工座谈会，现就具体事项通知如下。
>
> 一、 参加人员：公司全体女职工
>
> 二、 会议时间：2011年3月7日下午
>
> 三、 会议地点：恒鑫大厦
>
> 13年3月

写一写

4．江南集团公司董事会研究，拟于2013年10月在集团公司旗下的江南宾馆召开安全生产工作会议，会议主要传达江苏省安全生产管理局2013年9月份电视电话精神、交流各单位安全生产工作情况、布置2013年下半年工作，要求各分公司经理、集团各部门负责人参加。

根据上述材料，请代江南集团公司拟写一则会议通知。要求格式正确、内容完备。

任务二　撰写通报

任务导入

“十一”黄金周期间，江南集团有限公司锡山分公司职工张洋外出旅游，在南京禄口机场候机大厅，他捡到一个皮包，内有银行卡、身份证、大量现金，后在机场公安人员的帮助下，将皮包归还给失主。一星期后，失主来到江南集团有限公司对张洋表示感谢，并送来一面锦旗。为此，集团公司领导让公司文员古月拟写一份表彰通报，宣传张洋的先进事迹。

任务要求

- 了解通报的性质及特点；
- 掌握通报写作的内容要素及写作思路；
- 能够根据相关要求独立撰写通报。

知识准备

一、通报的性质

通报是认知文体，《党政机关公文处理工作条例》（中办发〔2012〕14 号）规定，“通报适用于表彰先进、批评错误、传达重要精神和告知重要情况”。

二、通报的分类

通报有三种类型。

① 表彰性通报：主要用于在一定范围内表扬先进集体和个人，表彰先进事迹，评价典型经验，宣传先进思想，树立学习榜样。

② 批评性通报：用于在一定范围内批评违规违纪事件，揭露坏人坏事，分析总结事故教训等。

③ 告知性通报：又叫“情况通报”，用于在一定范围内传达上级重要指示精神、会议精神、交流工作情况和经验教训，指出工作重点或需关注的问题。

三、通报的结构与写作

通报的结构由标题、主送机关、正文、落款四个部分组成。

1. 标题

通报的标题一般采用完整式标题，即发文机关单位名称、事由、文种三要素俱全，如《浙江省人民政府关于表彰占旭刚等优秀运动员和教练员的通报》。有时也可以采用准齐式标题，即标题中只有事由、文种两个要素，如《关于韩春同学违规用电引发火灾的通报》。有的机关或单位定期或不定期编发的有连续编号的“通报”或“情况通报”，实际上是“简报”的一种类型，不是法定的公文，可以采用新闻标题，也可以不写标题。

2. 主送机关

通报大多有主送机关，一般为发文机关单位的下级机关单位。

3. 正文

通报的正文一般包括主要事实、合理分析、处理意见、要求号召四个部分。

（1）主要事实

这部分也可以称为“通报的缘由”，一般讲清通报的主要事件，把事情发生的时间、地点、通报对象、主要情节、事件结局等交代清楚。

写作时，选材要真实典型，交代要详略得当；写作笔法上，要平实清晰，不要使用文学笔法，特别不要采用夸张、联想等艺术表现手法。

（2）合理分析

这部分是写作的难点，要求写作者透过通报的事实抓住事件的本质。写作可以从三个方面着手：一是明确通报事实的性质；二是分析通报事实产生的原因；三是分析通报事实的重要意义或产生的严重后果。

（3）处理意见

这部分是针对通报的主要事实，给予通报对象表彰或批评的具体措施。处理意见简单的，可以和“合理分析”部分篇段合一；内容较为复杂的，可独立成段，按内在的逻辑关系，分条列项写作。

（4）要求号召

这部分是通报写作的重点，是通报写作目的的根本所在，一般写明发文机关单位的要求和希望，希望受文单位要学习的经验（精神）或吸取的教训。

资料卡

通报的内容要素

主要事实、合理分析、处理意见、要求号召。

4. 落款

落款应加盖通报发文机关单位的印章，并签署成文日期。

范文赏析（一）

共青团上海铁路局委员会
关于表彰周杰伦等同志英勇救险事迹的通报
沪铁团〔2013〕20号

共青团各分局委员会：

共青团员周杰伦是我局无锡分局无锡火车站客运三班的服务员。今年4月15日上午9时

30 分，他和班里的同志们正在站台上迎接即将进站的 T365 次旅客列车。突然，在相距行进中的 T356 次列车仅 50 余米的地方，一辆装有维修工具的三轮车经过道口时，因车轮卡入轨隙，连人带车翻倒在列车轨道的道心。眼看一场事故就要发生，周杰伦同志迅速冲上前去，扶起运送维修工具的骑车者，并拼尽全力将散落在轨道上的维修工具移到道旁。此时，客运三班的共青团员王兵，服务公司青年职工赵鹏也火速赶来援救，合力将三轮车推出道外。T356 次列车从他们身边呼啸而过，一场事故得以避免。

周杰伦等三同志不顾个人安危，英勇抢救同志生命，保护了列车的安全，充分体现了现代青年的精神面貌，为广大共青团员树立了好榜样。

为表彰周杰伦等同志的英勇事迹，共青团上海铁路局委员会决定，授予周杰伦模范共青团员的光荣称号，同时给予共青团员王兵、青年职工赵鹏通报表扬，并给予奖金每人 2000 元。

希望全局共青团员、广大青年学习周杰伦等三位同志将个人安危置之度外，奋力抢救同志生命和国家财产的无畏精神，积极做好本职工作，努力为社会主义现代化建设事业做出更大贡献。

共青团上海铁路局委员会（印章）

2013 年 4 月 20 日

简评：该范文是一篇表彰性通报。

标题采用完整式标题，事由中写明被通报的对象和被通报的主要事实。

正文的写作思路是“事实——分析——决定——要求”。首先介绍了被表彰对象的主要事实，并对事实做了入情入理的分析，重点指出其身上体现出的精神；再在事实基础之上提出了表彰意见；最后对收文者提出要求和希望。整篇文章结构完整、思路清晰，事实要而不繁、分析合情合理、意见明确具体、要求清晰明了，体现了通报的基本写法。

范文赏析（二）

关于姚明违规用电引发火灾的通报

各院、系、部、处、所：

2013 年 3 月 4 日，我校计算机系 2012 级学生姚明擅自在寝室用“热得快”烧开水，停电后忘记拔电源插头，15 时，宿舍突然来电，引发火灾，造成该寝室直接经济损失总计 4 万元。

姚明同学在寝室内使用大功率电器的行为，已违反《无锡大学宿舍管理办法》，给自己和他人造成了巨大的财产损失。为严肃纪律，教育其本人，学校研究决定，给予姚明记过处分，并通报全校。

希望全校师生以姚明为鉴，吸取教训，遵照学校各项规章制度开展工作、学习，为构建“和谐校园”做出自己的贡献。

无锡大学（印章）

2013 年 3 月 6 日

简评：范文是一篇批评性通报。

标题采用的是准齐式标题，事由也写明了被通报的对象和被通报的事实。

其正文写作的思路是“事实—分析—决定—要求”。首先介绍了被批评对象的主要事实，并对事实做了入情入理的分析，重点指出这件事的性质及危害；再在事实基础之上提出了批评意见；最后对收文者提出要求和希望。

通报写作的参考模板：

××关于××××××的通报

各××：

主要事实（被通报的对象，事件的发生、发展、结局）

合理分析（表彰通报：值得学习的精神；批评通报：事实性质、危害）

处理意见

要求希望

×××××××（印章）

××××年×月×日

任务实施

练一练

1. 根据下面几则材料，拟写出通报的标题。

（1）无锡市新区鸿山街道部分领导干部利用公款游山玩水，无锡市人民政府拟发文批评，以达到教育全体干部的目的。

（2）2013 年 1 月 8 日，苏州市钢铁股份有限公司第一车间由于误送电，造成正在检修的泵突然启动，险些造成一名现场检修人员死亡。苏州市钢铁有限公司拟将该情况通报各车间、队、科室。

（3）无锡市工业学校学生宿舍失火，胡群、董丽、李浩、杨梓四位同学英勇救火，行为可嘉，学校拟发文表彰。

改一改

2．找出并修改通报中的几处错误。

> **表彰通报**
>
> 各部门：
>
> 3月10日中午，晴空万里，“罗西尼”表柜台的青年女营业员张三同志在柜台当班，当她发现一块新表被一位高大魁梧的男青年顾客换走时，当即大喊一声：“你停一下!”该青年心想：“这下不好”，拔腿就跑。张三同志不顾自己身单力薄，奋力追赶，将青年揪住，后在闻讯赶来的警察帮助下将该青年抓获，追回了新表。
>
> 张三同志勇于保护公司财物，敢于与盗窃分子做斗争的精神，充分体现了一个当代青年的优秀品德。为了表彰张三同志，公司决定给予张三同志通报表扬，并颁发奖金3000元。
>
> 希望广大干部、职工以张三同志为榜样，忠于职守，爱岗敬业，进一步做好本职工作，为公司实现跨越式发展做出应有的贡献。
>
> 江南商业大厦股份有限公司
>
> 2013年3月

写一写

3．无锡市龙腾股份有限公司司机王小军在国庆假日期间，违反单位用车规定，擅自驾驶公车与家人出游。在沪宁高速公路因超速行驶，与前车发生追尾事故，致使前车两人重伤。为了教育全体驾驶员，公司决定将该事故通报各部门，开除该驾驶员，并责令其赔偿公司损失2万元。

请代无锡市龙腾股份有限公司拟写一则通报，要求格式正确、内容完备。

4．2013年8月22日下午，李彬与妻子由市区乘788路公交车回郊区的家中。当车行至锡惠公园时，李彬突然晕倒，他的妻子看到丈夫头冒虚汗，身体僵直，大喊救命。同车乘客、江南集团有限公司梁溪分公司职工王刚立即奔到病人面前，掐病人的人中，见没有效果，马上让司机停车。王刚叫了一辆出租车，并陪同李彬的妻子把病人送到无锡市第四人民医院，为病人挂号，取化验单，忙前忙后，一直将病人安顿好后才悄悄返回家。

根据上述材料，为江南集团有限公司拟写一份表彰通报。提示：江南集团有限公司下属单位为各分公司、集团各部门。

任务三　撰写函

任务导入

大专毕业后，凭着自己的实力，古月顺利被江南集团有限公司录用为财务部出纳兼公司文员。上班不久，公司负责人和她进行了一次交流，明确告诉她，公司业务发展很快，有许多事情需要和政府部门、协作厂商沟通，这就需要古月熟练地掌握平行公文的知识和写作。于是，古月又把《财经商贸应用文写作教程》找出来，重点复习“函”的写作。

任务要求

- 了解函的性质及特点；
- 掌握函写作的内容要素及写作思路；
- 能够根据相关要求独立撰写函。

知识准备

一、函的性质

《党政机关公文处理工作条例》（中办发〔2012〕14 号）规定，函“适用于不相隶属机关之间商洽工作、询问和答复问题、请求批准和答复审批事项”。

函作为平行文，使用频率较高。主要是平级机关单位或不相隶属机关单位之间使用。但有时上级机关单位对下级机关单位询问一般性的问题也可以用函，下级机关单位答复上级机关单位的询问，而不是汇报工作时，也可以用函。

二、函的分类

根据适用范围，函可分为商洽函、询问函、请批函、答复函。

根据行文方向，函可分为发函和复函。发函也称为“去函”，是发文机关单位主动发出的函，商洽函、询问函、请批函皆为主动性函。复函，也称为“答复函”，用于回复对方来函所商洽、询问、请批的事项，是发文机关单位被动发出的函。

资料卡

不相隶属关系

“不相隶属关系”是指不属于同一组织系统的某一机关单位和另一机关单位之间的关系，可以从“所属地域”和“职能性质”等几个方面来加以区分。常见的情况有：

（1）职级上是上下级关系，但所属地域不同，如“安徽省卫生厅和无锡市卫生局”；

（2）职级上是平级关系，但所属地域不同，如“江苏省卫生厅和安徽省卫生厅”；

（3）职级上是上下级关系，但职能性质不同，如“江苏省卫生厅和无锡市教育局”；

（4）企业单位之间；

（5）行政事业单位和企业单位之间。

三、函的结构与写作

函的结构一般包括标题、主送机关、正文、落款等四个部分。

1. 标题

函的标题一般由发文机关单位、事由、文种构成，如《中国科学院关于建立全面协作关系的函》；也可以由事由和文种构成，如《关于再次追索欠款的函》。如果是复函，则文种“函”前要写“复”字，如《无锡大学关于同意建立全面协作关系的复函》。

2. 主送机关

函的主送机关要明确，一般写明接受函单位的全称。

3. 正文

一般“发函”和“复函”的正文部分写作有所不同。

（1）发函正文的写作

发函的正文一般包括发函缘起、函的事项、结语三个部分。发函缘起，主要写明商洽、询问、请求批准的原因、目的等。函的事项部分，写明商洽、询问、请求批准的具体事项、提出希望或要求等。结语部分，一般独立成段，以“盼复”、“请研究复函”、“特此函告”、“即请函复”等惯用语结尾。

（2）复函正文的写作

复函的正文一般包括复函的缘起、复函的事项、结语三个部分。复函的缘起，又称为复函的“引语”，一般是引述对方来文，按照先引标题，后引文号的顺序，其一般形式为“贵单位《关于××××××××××的函》（××函〔××××〕×号）收悉”。复函的事项，主要针对来文给予明确的答复，表明态度、阐明观点；如不能满足对方要求时，应加以解释，并表明立场。结语部分，一般单独成段，以“此复”、“特此函复”等惯用语结尾。

4. 落款

落款处应加盖发函机关单位公章，并签署发函的日期。

范文赏析（一）

关于催收货款的函

锡兴机函〔2013〕10号

无锡市荣发商贸有限公司：

贵公司于2013年3月1日向我公司订购了H-200型印刷机10台，货款金额共计人民币100万元，发票编号为0000005。买卖合同约定5月10日前一次性付清所有货款，至今我公司仍未收到货款，请尽快将货款结算完毕，我公司开户行为中国工商银行无锡分行中山路支行，账号：320000000012。逾期将按照双方合同中的第23条规定，每日按合同价的0.5%缴纳补偿金。

如有特殊情况，可与我公司财务科联系，联系人：李阳，联系电话：0510-82158315。

特此函告

无锡市兴业机械有限公司（印章）

2013年5月1日

简评：这是一则催款函。

标题采用的准齐式标题，即“事由+文种”的形式；发文字号“锡兴机函〔2013〕10号”是由单位代字——“锡兴机”、年份——“2013”、序号——“10号”和文种——“函”构成，这不同于一般公文的发文字号，一般公文发文字号中不嵌入文种，函的发文字号中则要嵌入文种“函”。

正文遵循“事实—事项”的写作思路，先写明催款的原因，再写明发函的事项——催款，并提出己方的要求；文章直截了当，很好地体现了一函一事的原则，同时文章的用语也十分讲究分寸，“贵公司”、“如有特殊情况”等词，体现了对对方的尊重和礼貌，以利于问题的解决。

范文赏析（二）

无锡市北塘区旅游局关于赴周庄考察的函

锡北旅〔2013〕13 号

昆山市旅游局：

为了学习古镇保护、旅游开发等先进经验，我区惠山镇人民政府拟由吴玺镇长带队，一行 7 人于 2013 年 4 月 26 日（周五）下午 2 点 30 分到达贵市周庄镇学习考察，届时我局杨逸舟副局长一同参加，联系电话 13706170000，恳请贵局予以支持。

盼复

无锡市北塘区旅游局（印章）

2013 年 3 月 6 日

简评：范文是一篇商洽函。

标题采用的是完整式标题，事由中写明了商洽的事项。

正文遵循“目的—事项”的写作思路，先写明商洽事项的目的，以表示目的的词——“为了”领起。再写发函的事项——“拟赴周庄镇学习考察，恳请对方予以支持”；“拟”、“贵局”、“恳请”等词，语气平和、态度诚恳，利于工作的顺利开展。

范文赏析（三）

关于同意从事代理记账业务的复函

锡财会函〔2013〕21 号

无锡市胜利财务咨询服务有限责任公司：

你公司《关于申请从事代理记账的函》（锡胜函〔2013〕1 号）收悉。经审核，你公司符合《江苏省代理记账管理实施办法》第二章第七条所列条件，设立代理记账机构申请材料真实有效。根据《中华人民共和国会计法》、《行政许可法》和《江苏省代理记账管理实施办法》的规定，经研究，现就有关事项复函如下：

一、同意你公司从事代理记账业务。

二、接本复函后，公司应依法办理工商登记、税务登记、组织机构代码证，并及时将复印件报送我局会计科备案。

三、代理记账许可证正式证书待手续完备后下发。

特此函复

无锡市财政局（印章）

2013 年 3 月 6 日

简评：范文是一篇复函。无锡市财政局和无锡市胜利财务咨询服务有限责任公司是不相隶属单位，所以这里用“复函”是合适的。

标题采用的是准齐式标题，事由中“同意”一词是表明复函态度的词语，让收文者能够准确、迅速把握复函的主要内容。

正文遵循“依据—事项”的写作思路，先引述对方来文（先引标题，后引文号），并具体介绍复函的主要依据，即复函的相关法律法规。再以“经研究，现就有关事项复函如下”过渡到复函的具体事项。由于复函的内容较多，文章采用了分条列项的形式一一回复，让收文单位既明白复函的态度，也明确了下一步的工作方向。全文思路清晰，结构明了。

“发函”写作的参考模板：

××关于××××××的函

×函〔××××〕×号

×××××：

发函的缘起……发函的事项……。

盼复

××××××（印章）

××××年×月×日

“复函”写作的参考模板：

××××××关于××××××的复函

×函〔××××〕×号

×××××：

贵单位《关于×××××××××的函》(××函〔××××〕×号）收悉。经研究，……

特此函复

××××××（印章）

××××年×月×日

任务实施

练一练

1．根据下面几则材料，拟写出函的标题。

（1）无锡市荣发商贸有限公司向无锡市兴业机械有限公司订购了 H-200 型印刷机 10 台，货款金额共计人民币 100 万元，买卖合同约定 5 月 10 前一次性付清所有货款。5 月 1 日，无锡市兴业机械有限公司向对方写了一份公文（见范文赏析一），对方没有做任何回复。为此，5 月 12 日，兴业机械有限公司再次向对方行文，要求付款。

（2）5 月 12 日，无锡市荣发商贸有限公司收到无锡市兴业机械有限公司再次催款的公文，拟制了一份回复性公文。

（3)无锡市大洋百货有限公司给无锡市仁爱服装有限公司行文,认为该公司 2013 年 3 月 1 日所配送的“仁爱”牌男士西服存在面料与样品不符、制作粗糙等问题，要求该厂派人处理。

改一改

2．找出并修改函中的几处错误。

中国证券监督管理委员会关于从事外资股业务资格的函

证监函〔2013〕26 号

瑞银证券亚洲有限公司：

你公司（瑞证亚函〔2013〕2 号）《关于申请从事外资股业务资格的请示》收悉。经审核，现函复如下：

一、同意你公司从事外资股经纪业务的业务资格。

二、如你公司《经营外资股业务资格证书》记载的事项发生变化，应及时向我会申请办理变更手续。

三、你公司应严格按照我会《境内及境外证券经营机构从事外资股业务资格管理暂行规定》的要求，从事外资股业务。

特此通知

2013 年 4 月 26 日

写一写

3. 无锡大惠超市有限公司获悉无锡市东方百货有限公司地下商场尚处于闲置状态，打算租借开设大惠超市东方百货店。请代无锡大惠超市有限公司拟写一份公函。

4. 根据上述材料，代无锡市东方百货有限公司拟写一份复函。

5. 2013 年 2 月 1 日，无锡市圣发有限公司向无锡市永安包装材料有限公司购得一批规格为 20 厘米×20 厘米的塑料包装袋。到货后，经检验，该批包装袋存在尺寸不符、厚度不够等问题，要求该厂派人处理。请代无锡市圣发有限公司拟写一份函。

任务四　撰写请示

任务导入

江南集团有限公司是一家大型国有企业，隶属于无锡市国有资产管理委员会。为了提高公司管理水平，最近公司打算面向全国招聘公司副总经理两名。为此，公司总经理办公室杨主任让财务部出纳兼公司文员古月草拟一份给无锡市国有资产管理委员会的请示。由于事关重大，古月急忙翻阅了相关资料，了解请示的写作方法及规范。

任务要求

- 了解请示的性质及分类；
- 掌握请示写作的内容要素及写作思路；
- 能够根据相关要求独立撰写请示。

知识准备

一、请示的性质

《党政机关公文处理工作条例》（中办发〔2012〕14 号）规定，“请示适用于向上级机关请求指示、批准”。由此可见，请示是指下级机关单位向上级机关单位请求指示、批准的上行公文。

下级机关单位在超出本机关单位职权范围或者自己的职权范围内无法解决的问题、困难，需要上级机关单位给予答复、解决、批准时，可用请示。

但不是事事皆要请示，凡属于本机关单位职权范围内可以解决的问题，或上级机关单位的政策中明确的问题，则不需要请示。

二、请示的分类

在工作实践中，常见的请示类型有三种。

① 求示性请示，也称为“原则性请示”，这类请示主要是下级机关单位对政策、规定中难以理解或在实际工作中难以把握之处，需要上级机关单位予以指示、答复才能执行。

② 求批性请示，也称为“事项性请示”，这类请示主要是下级机关单位请求上级机关单位批准、协调和帮助解决工作中涉及的人事、经费、物资、机构等问题。

③ 求转性请示，这类请示主要是下级机关单位对工作中涉及的、具有普遍性或全局性的问题提出解决方案或办法，需要上级机关单位批准，并转发给各部门、各单位认真执行。

三、请示的结构与写作

请示的结构由标题、主送机关、正文、落款、附注五个部分组成。

1. 标题

请示的标题一般采用完整式标题，即发文机关单位名称、事由、文种三要素俱全，如《江苏省财政厅关于“总会计师”是职务还是职称的请示》；有时也可以采用准齐式标题，即标题中只有事由、文种两个要素。

请示的标题中不得出现“申请”、“请求”等词语，以免与文种“请示”在语意上重复；另外，在日常公文中，常出现“关于……的请示报告”之类的标题，其中“请示报告”是作者自造的文种，是错误使用了“请示”文种，应力避之。

2. 主送机关

请示的主送机关即负责受理请示的机关，是请示机关单位的行政或业务隶属关系的上级机关单位。请示的主送机关一般只有一个，写明主送机关的全称或规范化简称，如“江苏省人民政府”、“市政府”。

3. 正文

请示的正文一般由请示缘起、请示事项、请示结语三部分组成。

（1）请示缘起

请示的缘起是请示的开头部分，它主要写清楚请示的原因、依据、目的等，这部分中应突出请示的事实原因，为上级机关批复请示事项提供有力的事实和数据。

（2）请示事项

请示事项是请示的中心，是请示的目的所在，要写明请求上级机关单位指示的问题或批准的具体事项。

请示事项力求单一具体，应做到一文一事，不要把两三件事情扯在一起，以便上级批复。另外，请示的语气要恳切得体，一般写成“拟……”、“建议……”，不能出现“决定”、“必须”等字样。

（3）请示结语

请示的结尾一般写明请求上级答复的结束语。常以“妥否，请批复”、“当否，请批示”、“特（专）此请示，请批复”等惯用语结束。

4. 落款

落款，应加盖发文单位的印章，并签署成文日期。

5. 附注

一般情况下，请示必须在“附注”处注明联系人的姓名和电话，以便上级机关单位及时对请示中的问题或事项做进一步的了解。标注的位置及方法：居左空两字加圆括号编排在成文日期下一行，形式如“(联系人：×××，联系电话：××××××××)”。

范文赏析（一）

关于成立新建县旅游发展公司的请示

新旅字〔2013〕20号

县政府：

新建县历史文化灿烂、自然资源丰富，发展旅游产业极具前景。目前，我县旅游业发展呈现景区多而不精、资源富而不集、管理杂而不顺的状况。像小平小道、汪山水库、西山万寿宫、南矶湿地等都亟待开发提升。为进一步整合资源，发挥效益，促进我县旅游产业大发展、大提升，真正实现旅游大县、旅游强县的目标，恳请县政府尽快成立新建县旅游发展公司。

妥否，请批示。

新建县旅游局（印章）

2013年6月3日

（联系人：陈雨燕，联系电话：0511-87778777）

简评：该范文是一篇求批性请示。

标题采用准齐式标题，事由中写明请求批准的事项。

正文的写作思路是“原由—目的—事项”。文中首先介绍本县目前旅游资源多而不精、富而不集、管理杂而不顺的现状，凸显出成立旅游公司的必要性；其次交代了请示的目的、价值，凸显成立旅游公司的重要性；再在原因和目的基础之上提出请批的事项；最后，以惯用语“妥否，请批示”结束全文。

整篇文章严格遵循了上行文“一文一事”、“一头主送”的原则，采用纵式结构，以因果的逻辑顺序开展写作，思路清晰、事项明确。请示事项中“恳请”一词，态度恭谦，严肃认真，非常得体。在“附注”处写明了联系人的姓名和电话，也符合《党政机关公文格式》的格式规定。

请示写作的参考模板：

××关于××××××的请示

××〔××××〕×号

×××：

请示缘起（或原由、或目的、或依据）……请示事项 ……

妥否，请批示

×××××（印章）

××××年×月×日

（联系人：×××，联系电话：××××××××××××）

任务实施

练一练

1．以下关于请示的表述不正确的是（　　）。

A．请示一般只有一个主送机关单位

B．请示应该一文一事

C．请示的结语一般用“妥否，请批准”

D．请示一般需要在附注处添加联系人姓名和电话

2．修改下列请示的标题。

（1）无锡市江南有限公司关于申请研发新产品所需资金的请示

（2）江苏省神舟股份有限公司关于要求购买电脑的请示

（3）广州银城房地产有限公司策划部关于申请更换广告公司的请示报告

（4）无锡市工业学校关于申请购买“用友”财务软件的报告

改一改

3．找出并修改请示中的七处错误。

> 中山县教育局关于校办企业管理科更名的请示报告
>
> 县委、县政府：
>
> 经局务会议讨论，决定将我局校办企业管理科更名为中山县校办工业总公司。同时，原校办企业管理科科长张力任校办工业总公司总经理，办公室设在人民中路22号吉祥大厦301室。
>
> 以上请求如无不当，请即批准
>
> 中山县教育局
>
> 二〇一三年七月二十日

写一写

4．无锡市江南有限公司隶属于无锡市国有资产管理委员会，为适应新能源汽车发展的需要，拟开发电动汽车。该产品科技含量高，市场前景广阔。但开发电动汽车需要投入5 000万元。该公司经过努力，自筹资金3 000万元，尚有2 000万元的资金缺口。

请代无锡市江南有限公司拟写一份文稿，希望无锡市国有资产管理委员会给予支持、解决。要求格式正确、内容完备。

5．根据下列材料，请代中山县第一食品有限公司向中山县食品集团公司写一份请示。

（1）随着生猪、家畜饲养生产的发展，中山县第一食品公司原有的5辆2吨载重货车已满足不了运输工作的需要。

（2）购买3辆跃进牌汽车需资金20万元。

（3）该公司现有固定资产折旧资金10万元可用于购车。

任务五　撰写报告

任务导入

江南集团有限公司是一家大型国有企业，隶属于无锡市国有资产管理委员会。年末将至，公司总经理办公室杨主任让财务部出纳兼公司文员古月草拟一份给无锡市国有资产管理委员会的工作报告。由于是全面工作报告，需要掌握的材料很多，加之是她第一次写作此文种，古月感觉压力很大。

任务要求

- 了解报告的性质及特点；
- 掌握报告写作的内容要素及写作思路；
- 能够根据相关要求独立撰写报告。

知识准备

一、报告的性质

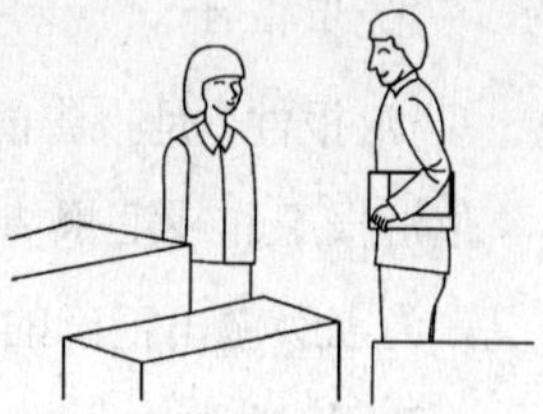

《党政机关公文处理工作条例》（中办发〔2012〕14 号）规定，“报告适用于向上级机关汇报工作、反映情况，回复上级机关的询问”。由此可见，报告是下级机关单位向上级机关单位汇报工作、反映情况，回复上级机关询问的上行公文。

与 1996 年颁布的《中国共产党机关公文处理条例》第二章第七条“报告，用于向上级机关汇报工作、反映情况、提出建议，答复上级机关的询问”相比，报告的适用范围有所减小，取消了“提出建议”的功能。

另外，长期以来，报告和请示被列为同一类文种。直到 1993 年，报告与请示才分别独立，各自成为一个文种。但在实际运用中，仍有许多人将报告和请示混用，因此运用这两种文种时，我们必须认真区分、体会两者的不同。

资料卡

报告与请示的区别

1. 行文目的不同

报告是陈述性公文，重在向上级汇报工作、反映情况，为上级决策服务；请示是请求性公文，重在请求上级指示或批准，以解决本机关单位的工作困难。

2. 行文时间不同

报告的时间比较灵活，事前、事中、事后均可行文；请示只能事前行文。

3. 写作要求不同

报告写作可以遵循“一文一事”原则，也可以“一文多事”；请示写作则必须严格遵循“一文一事”原则。

二、报告的分类

根据划分标准的不同，报告的分类也有所不同。

① 按照报告内容的性质划分，可分为工作报告、情况报告、答复报告、会议报告、报送（文件、物件）报告等。

② 按照报告内容的范围划分，可分为综合性报告、专题性报告。

③ 按照报告内容的时间划分，可分为年度报告、季度报告、月度报告等。

三、报告的特点

1. 汇报性

“汇报性”是报告的最主要的特点，任何一份报告都是下级机关单位向上级机关单位汇报工作或汇报情况，以便于上级机关单位能够全面、及时了解下级的工作情况，为上级做出正确的决策服务。

2. 陈述性

报告的目的是让上级能够全面、及时了解本机关或本单位的工作情况，因此报告必须采用叙述的表达方式，将工作或情况一一表述清楚。

四、报告的结构与写作

报告的结构由标题、主送机关、正文、落款四个部分组成。

1. 标题

报告的标题一般采用完整式标题，即发文机关单位名称、事由、文种三要素俱全，如《无锡市人力资源和社会保障局关于调整无锡市最低工资标准的报告》；有时也可以采用准齐式标题，即标题中只有事由、文种两个要素，如《关于审计整改工作情况的报告》。

2. 主送机关

报告一般是报告机关单位的行政或业务隶属关系的上级机关单位，报告的主送机关一般只有一个，应写明主送机关的全称或规范化简称。如有必要，可以抄送其他上级机关。

3. 正文

报告的正文一般由报告缘起、报告事项、报告结语三部分组成。

（1）报告缘起

报告缘起是报告的开头部分，一般简明扼要地交代报告的原因、依据、目的等。写完缘起后，以“现汇报如下”、“现将有关情况报告如下”等惯用语过渡到下文。

报告的类型不同，其缘起写作的侧重点也有所不同。工作报告、情况报告侧重于交代报告的事实，就是简要地交代时间、工作内容或发生的情况等。答复报告则侧重于交代报告的依据，因为上级机关询问问题常用函，因此答复报告的缘起要引述上级来函的文号和询问的问题，一般形式为“接××函〔××××〕×号文，询问……问题。”

（2）报告事项

报告事项是报告的核心。根据报告的类型不同，其报告事项写作的内容要素也有所不同。

工作报告的内容一般以“主要成绩、经验体会、存在问题、努力方向”为主；情况报告的内容一般以“情况、问题、打算”为主；报送报告的内容只要写清报送文件、物件的名称、数量等基本要素即可；答复报告要针对上级机关单位询问的问题，如实报告有关内容，不能答非所问。

报告事项的写作要陈述清楚，突出重点；篇幅较长的综合性报告一般要分条列项写作，且每个方面的工作尽可能拟制小标题，以提高报告的实际效用和美学效果。另外，报告事项中一定不能夹带请示事项。

（3）报告结语

报告的结尾常以“特此报告”、“以上报告，请审阅”、“专此报告”等惯用语结束，报送报告常以“请查收”作为结束语。

4. **落款**

落款应加盖发文单位的印章和签署成文日期。

范文赏析（一）

关于清理整顿土地市场秩序工作的报告

陵土字〔2013〕20号

区政府：

2003年是新一届区委、区政府的开局之年。为了推进我区的城市化进程，我们以清理整顿土地市场秩序为突破口，土地市场的清理整顿工作做到了工作早谋划、目标早明确、措施早到位，务求旗开得胜，取得了一定的效果，现将清理整顿情况报告如下：

一、及早摸排基本情况。（略）

二、强力催收土地出让金。（略）

三、加大土地市场清查力度。一是加强土地一级市场的宏观调控。……二是抓二级土地市场的清理整顿。我们在清理整顿土地二级市场时，采取人力、物力、精力“三集中”的办法，以一抓到底的热情，敢于碰硬的作风，抢时间、抓进度，对城区所有的出租土地、经营性用地等情况进行了调查摸底，查出用于经营性土地40亩，涉及单位38个，已收土地收益金2万余元。对湘陵区民政局将划拨土地用于经营性用地，湘陵区公安局、教育局将划拨土地用于联建房屋开发的情况进行了处理和规范。

当前，我们在清理整顿土地市场秩序的工作中也遇到了许多困难和阻力，如以前的大多数国营企业用地是划拨用地，现在由于企业倒闭、改制等多种原因，如果我们将土地进行出租、转让或改变经营用途将涉及这些企业工人的生存问题等。但全区清理整顿土地市场秩序工作的总体形势是很好的，我们的同志冲破重重阻力、摆脱层层干挠、不分昼夜地工作，激情很高，在新的问题和困难面前，我们将进一步完善措施，我相信，在区委、区政府的坚强领导下，区级相关部门的帮助下，我区清理整顿土地市场秩序的工作必将取得更大的成绩。

特此报告

湘陵区国土资源局（印章）

2013年5月1日

简评：这是一篇典型的工作报告，原文2000多字，范文为节选稿。

全文严格遵循“情况概述—工作经验—成绩—存在问题—努力方向”的写作思路。文章采用了概述式的开头，概括介绍了清理整顿土地市场秩序的基本做法和效果。承启句（过渡句）之后，报告事项部分共四个方面：前三个方面，全面报告了清理整顿土地市场秩序的工作情况，具体介绍清理整顿工作的做法及取得的成效；最后一方面谈及清理整顿土地市场秩序工作存在的问题和今后工作努力的方向。结尾以惯用语“特此报告”收束。

工作报告写作的参考模板：

××关于××××××的报告

××〔××××〕×号

×××：

工作情况概述……现汇报如下：

一、经验一及取得的成效

二、经验二及取得的成效

……

存在的问题、努力的方向

特此报告

×××××××××（印章）

××××年×月×日

范文赏析（二）

江南集团有限公司关于江南百货大楼重大火灾事故的情况报告

江集〔2013〕6号

市国有资产管理委员会：

2013年6月4日凌晨2时40分，我公司旗下的江南百货大楼发生重大火灾，经过两个多小时的扑救，于5时明火全部扑灭。该大楼二层经营的商品以及柜台、货架、门窗等全部烧毁，直接经济损失达500万元。造成此次重大火灾的直接原因，是二楼“诺伊顿”男装柜台经二楼经理同意从总闸自接线路，夜间没断电导致电线起火。

这次火灾的发生暴露了大楼领导对安全管理工作极不重视，内部管理混乱，安全制度不健全，违章作业严重等问题，因而造成了惨重的经济损失，教训十分深刻。

火灾发生后，集团公司十分重视，三次派员到事故现场进行调查，并对事故进行认真处理，责令江南百货大楼总经理王春才书面检查，二楼经理刘纯停职检查，“诺伊顿”男装柜台负责人李浩罚款50万元。

今后，我们要吸取教训，切实加强对安全工作的领导，尤其加强对重点单位的安全管理，及时消除各种不安全的因素和隐患。

特此报告

江南集团有限公司（印章）

2013 年 6 月 12 日

简评：这是一篇事故的情况报告。

正文写作思路是“情况—问题—打算”，文章开头采用概述式开头，简要地介绍了火灾情况、损失和失火直接原因。第二段重点分析火灾事故的深层次原因及存在的问题。第三段写对火灾的处理情况和结果。最后一段为发文单位的态度和措施。结尾以“特此报告”收束。文章构思周密、行文简洁、层次分明。

情况报告写作的参考模板：

××关于××××××的情况报告

××〔××××〕×号

×××：

发生情况的概述……

情况发生的原因或暴露的问题……

对该情况中涉及的相关单位或人员处理的意见

今后的打算

特此报告

×××××××××（印章）

××××年×月×日

任务实施

练一练

1．关于报告，说法错误的是（　　）。

A．报告既可以做上行文，也可以做平行文

B．报告是下级机关单位向上级机关单位反馈信息，沟通上下级机关单位纵向联系的一种重要形式，因此，为各机关单位普遍使用

C．报告以议论为主要表达方式

D．报告与请示不能结合使用，在报告中不得夹带请求事项

2．工作报告的正文部分撰写时一般应（　　）。

A．概述工作进程与成绩，工作中的缺点与不足，今后工作安排，以“特此报告”结尾

B．概述工作进程与成绩，工作措施与经验（体会），工作中的缺点与不足，今后的工作安排

C．概述工作情况，工作经验体会

D．概述工作进程与成绩，工作措施与经验（体会），工作中的缺点与不足，以“特此报告”结尾

3．根据下面几则材料，拟写出报告的标题。

（1）江南第一造船有限公司拟向江南造船集团公司汇报2012年取得的新成绩。

（2）伊牛有限公司无锡分公司向伊牛有限公司报送《伊牛有限公司无锡分公司2013年工作计划》。

（3）2012年底，中共中央出台“八项规定”。2013年5月，中共江苏省委专门向中共中央行文，汇报该省落实中央“八项规定”的情况。

改一改

4．找出并修改报告中的几处错误。

天马纺织有限公司关于“6·15”火灾事故情况的请示报告

集团公司：

2013年6月13日，我公司发生了一起重大火灾。由于生产经理安全防火不力，造成损失很大，烧毁织布车间两台设备和成品十万米，经济损失达200万元。事故发生后，我们立即进行了检查处理。

从调查情况看，这次火灾是一起严重的责任事故，其直接原因是工人李群违反公司规定，私自在车间吸烟，丢弃的烟蒂引燃成品布匹。我们虽然调集六台消防车参加灭火，保住了厂房和部分原材料，但因我公司消防组织不健全，缺乏得力配合，致使火灾蔓延，造成严重损失。我们对这次火灾造成的损失极为痛心，一定要吸取教训。我们采取了以下措施。

一、……

二、……

三、……

我们一定要吸取教训，严格防范，防止类似事故的发生。

写一写

5．下列材料为江南集团公司财务处 2013 年上半年主要工作，假设你是财务处负责人，请以江南集团公司财务处的名义给江南集团公司写一份工作报告，要求格式正确，所缺内容可以自行补充。

（1）完成年度的结账、过账工作，做好日常财务账务处理工作，做好公司季度财务分析工作以及公司月度财务快报、清欠报表、亿元项目分析报告、季报和年度报表工作，每月向公司总经理、总会计师填报《财务处工作月报》等主要指标情况。建立会计档案室，对公司直管已完工项目进行会计档案清理，及时将档案运回公司总部归档管理。每月末对公司各部门职工备用金进行催报，在 6 月底基本完成备用金的清理工作。

（2）每季度末公司总部及分公司进行预算分析并形成分析报告，做好事中费用控制和总结。截至上半年公司总部管理费用 751 万元，加上上半年尚未入账的办公楼租金 40 万元，以及公司上半年绩效考核及 6 月工资估计约 70 万元，补助约 20 万元共计约 120 万元未入账，上半年总部管理费用约为 870 万元，在年度控制目标 2 000 万元的一半之内。

（3）按经济业务性质，完善经济合同台账，财务往来台账，项目管理台账，营销费用台账，以及资金和承兑汇票、保证金类台账等四类台账。

（4）加强对合同额、营业额、利润、现金流量和应收款项指标财务信息的搜集、分析、评价，对照财务指标的标准值、历史值、同行值、预算值等，及时发出预警信号。

项目六

常见的财经商贸专业文书

项目引领

市场经济是一种竞争经济，也是一种信用经济。在财经商贸工作中会涉及许许多多经济领域的专业文书，这对于规范经济活动主体之间的经济行为，规范单位内部管理都有着极其重要的意义。

项目目标

知识目标：

1. 了解经济合同、经济诉状、商品广告、调查报告、经济论文、内部审计报告、财经分析报告的性质、意义及种类；

2. 掌握经济合同、经济诉状、商品广告、调查报告、经济论文、内部审计报告、财经分析报告的基本内容。

能力目标：

1. 能形成财经商贸专业文书写作的思路；

2. 能拟写财经商贸专业文书。

任务一　撰写经济合同

任务导入

合同不规范导致维权难

叶某看上了邱某欲出售的一套房屋，双方谈妥后，签下了一份房屋买卖合同。合同约定，邱某最迟于2012年年底前迁出全部户口，不料邱某一直借口推托，迟迟不肯把户口迁出，直拖至半年后才迁出。叶某一气之下，将邱某起诉至法院要求邱某赔偿经济损失。但由于合同并未约定迟延迁出户口的违约责任，法院认定叶某要求赔偿缺乏依据，故判决其败诉。

据法院统计，在现实生活中因签订合同不规范导致维权难的案例比较多。合同签订时因法律意识淡薄，当事人往往对某些关键条款不做相关约定或仅做口头约定，对重要条款的违约责任也不明确。这些不规范的合同，导致争议处理缺乏合同依据，守约方的利益难以得到法律保护。因此如何制作一份规范合法的书面合同至关重要。

任务要求

- 了解经济合同的概念、种类；
- 掌握经济合同的基本内容及结构形式；
- 能够根据相关要求独立撰写经济合同。

知识准备

一、经济合同的性质及意义

经济合同也叫经济契约，它是商品经济的产物。新修订的《中华人民共和国合同法》（以下简称《合同法》）自1999年10月1日起施行，原《中华人民共和国经济合同法》、《中华人民共和国涉外经济合同法》、《中华人民共和国技术合同法》同时废止。

根据新的《合同法》规定，经济合同是平等主体的自然人、法人、其他组织之间设立、变更、终止民事权利义务关系的协议。

在我国经济管理体制改革中的一项主要内容就是推行经济合同制，这充分说明了经济合同在国民经济中的重要意义。一是它有利于保护当事人的合法权益。订立合同的当事人之间的法律地位是平等的，任何一方不得把自己的意志强加给另一方。二是它有利于当事人实现一定的经济目的。经济合同的本质内容，在于确认和调整当事人之间在商品生产和流通过程中相应的经济利益关系，经济合同充分体现了当事人之间的协作关系，也是保证合同双方完成经济任务、达到一定经济目的的有效办法。三是它有利于维护社会经济秩序。经济合同的订立必须遵循国家相关法律法规，合同一经订立生效，就具有法律的约束力，任何一方不履行或不适当履行合同规定的义务，都要承担相应的法律责任。因此，合法有效的经济合同有助于经济活动健康、有序地进行。

二、经济合同的种类

由于经济合同主要适用于债权、债务关系，不允许带有人身性质的内容，因此婚姻、收养、监护、继承等有关身份关系的协议不是合同法的调整对象，不能以订立合同的形式来确定。

我国现行的《合同法》列举了15类合同：买卖合同，供用电、水、气、热力合同，赠予合同，借款合同，租赁合同，融资租赁合同，承揽合同，建设工程合同，运输合同，技术合同，保管合同，仓储合同，委托合同，行纪合同，居间合同等。

三、经济合同订立的程序

新的《合同法》规定："当事人订立合同，采取要约、承诺方式。"

要约是指一方当事人以缔结合同为目的，向对方当事人提出合同的条件，希望对方当事人接受的意思表示。发出要约的一方称"要约人"，接受要约的一方称"受要约人"。

承诺是指受要约人同意接受要约的意思表示。

订立合同是双方当事人的法律行为，只有双方当事人协商一致才能成立，也就是说订立合同是一个动态的过程，但不论以何种方式订立合同都必须经过要约和承诺这两个阶段，以要约开始，承诺生效即告合同成立。可见现行合同法在合同订立上的一个重大变化是将要约和承诺这两个习惯性程序变为法定程序，这标志着中国合同立法的健全和完善，这必将促进社会主义市场经济健康有序地发展。

四、经济合同的基本内容

经济合同的性质决定经济合同的主要内容。不同种类的经济合同，应根据不同的需要来规定必要的条款，当事人可以参照各类合同的示范文本订立合同。根据《合同法》规定，合同的内容由当事人约定，一般包括以下基本条款。

1. 当事人的名称或者姓名和住所

经济合同当事人必须具备法人资格，包括当事人的名称、法人代表、地址等。

2. 标的

标的是合同当事人的权利和义务所共同指向的对象。标的必须明确、具体。

任何合同必须要有标的，没有标的，双方的权利和义务就不能落实，合同就无法履行。标的必须合法，武器、弹药、麻醉药、金银等限制流通物，不能作为一般意义上的合同标的物。

3. 数量

标的的数量是标的的数额和计量单位，是确定合同当事人双方权利和义务大小的依据。

标的的数量除了数额应具体、准确外，还要有正确的计量单位。计量单位要按国家或上级主管部门规定的统一标准执行；没有规定，按双方商定的执行。

4. 质量

标的的质量包括产品的质量和包装质量。质量要求明确、具体和规范，一般按国家标准或行业标准履行。如是协商标准，必须另附协议书或提交样品。

5. 价款或者报酬

价款或者报酬是经济合同权利的体现。价款是合同当事人为取得对方产品而支付的代价；报酬是合同当事人为获得对方的劳务或智力成果所支付的酬金。签订合同时必须明确规定价款或者报酬的具体数额、计算标准及支付方式。

价款或者报酬不明确的，按合同履行地的市场价格履行；依法应当执行政府定价或者政府指导价的，按规定履行。

6. 履行期限、地点和方式

履行期限是指交付标的物和支付价款或报酬的时间界限。是否按期履行，直接或间接影响着当事人的经济利益，所以订立合同时必须明确规定具体的履行日期。

履行地点是指经济合同的双方交、提标的物的地方。按照惯例，交付建筑物在建筑物所在地履行；给付货款的，在接受给付的一方所在地履行；其他义务，在履行义务一方所在地履行。

履行方式是指交付标的物的手段、工具。对上门自提或委托交通运输部门托运、运送工具等应做出明确规定。如履行方式不明确的，按照有利于实现合同目的的方式履行。

7. 违约责任

又称"罚则"，是对当事人不按合同规定履行义务的制裁措施。违约责任包括违约金、赔偿金、没收或双倍返还定金等制裁方法。这一条款必不可少，对维护合同的法律严肃性，督促当事人信守合同义务，具有重要意义，也是解决纠纷的主要法律依据。如标的数量与合同不符，质量不合要求，交货时间、地点、方式违约等，都要承担违约责任。

8. 解决争议的方式

订立合同的双方当事人在履行合同的过程中，一旦发生纠纷，自行协商不成时，可向仲裁机构申请仲裁，也可向人民法院起诉。

以上是经济合同的主要条款，由于合同种类繁多，标的复杂，有些条款未必适用，有些内容在这些条款中又包容不了，因此，在订立合同时应根据具体情况灵活变动，还可注明"本合同未尽事宜，由双方协商解决"的条款。

资料卡

经济合同的主要条款

当事人的名称或者姓名和住所，标的，数量，质量，价款或者报酬，履行期限、地点和方式，违约责任，解决争议的方法等。

五、经济合同的结构和写法

经济合同的体式有三种：条款式、表格式、条款表格结合式。不论哪一种体式的经济合同，它的结构一般都包括合同名称、当事人名称、合同条款、落款四项内容。

1. 合同名称

合同名称，也可称合同的标题，它揭示了合同的性质。合同名称一般由事由和文种组成，如“买卖合同”“粮食订购合同”“技术转让合同”等。“经济合同”“××合约”“××协议”的合同名称是不正确的。

2. 当事人名称

在当事人名称前可依照合同内容标明“借方”和“贷方”、“供方”和“需方”、“买方”和“卖方”等，合同当事人的名称要写全称，不能使用简称或代称。为了表述方便，一般在双方当事人名称后用括号注明“甲方”和“乙方”。在合同中不能用“我方”、“你方”等简称，以免引起混乱和误解。

如果要注明合同编号、签约时间、签约地点，则可排列在双方当事人名称的右侧或下方。

在表格式合同中，合同编号、签约时间和地点也可放在标题的右下方，上下排列，用小一号字体。

3. 合同条款

这是合同的主体部分，主要包括以下几个内容。

① 扼要说明订立合同的目的和依据，如“为了……，双方经过充分协商，特订立本合同，以便共同遵守。”

② 选用恰当的合同体式写明当事人共同议定的具体条款。

包括标的、数量、质量、价款或者报酬、履行期限、履行地点与方式、违约责任、解决争议的方法等。

③ 明确合同生效日期（有效期）、合同的份数和保存方式。例如，“本合同自签订之日起生效，任何一方不得擅自修改或终止。”“本合同一式四份，甲乙双方各执一份，副本两份，送双方上级主管机关备查。”“本合同有效期自××××年×月×日至××××年×月×日，过期作废。”

有些合同还有附件，此时还应注明合同附件的效力，如“本合同附件、附表均为本合同的组成部分，且具有同等的法律效力。”

附件、附表均写在合同条款的下方，并要注明附件名称、序数和份数。

4. 落款

落款包括以下几项内容。

① 署名和印章：署名要写明双方当事人全称、法定代表人、代表人等，单位名

称应加盖公章或合同专用章，双方当事人代表必须亲自签字。

② 日期：指签订合同的日期。

③ 附项：指合同当事人的地址、银行账号、邮编、电话、传真等信息。

六、特别提醒

① 格式要规范。

② 条款要完备。

③ 表述要严密。

范文赏析（一）

水果购销合同

甲方（需方）：无锡市××果品商店　　　　　　　　　　签约日期：

乙方（供方）：无锡市××区××果园　　　　　　　　　签约地点：

双方经协商一致，订立本合同，共同信守下列条款。

1．品名、数量、交货时间、地点：

2．品质规格：按照有关主管部门确定的标准及双方协商，乙方应将品质好的水果卖给甲方。

3．价格：由甲、乙双方协商一致确定。

4．交货办法：在合同规定日期内，柑橘成熟后具体商定交货日期和日交量，做到有计划采收。

5．验收办法：按国家规定的散果或成件果验收办法，在收购点过秤前抽样验收。

6．价款结付：甲方按实收数量、等级在____日内（除扣回定金、扶持资金外）通过银行全部付清。延期按银行息付。

7．费用负担：交货前由乙方自理。如超过合同规定交货地点收货，其超里程运费，由甲方负担。

8．其他：

9．双方的责任：乙方应努力提高产量、质量，按采收计划按时、保质、保量完成合同任务后，才能自行处理多余产品。如遇人力不可抗拒的灾害影响合同的执行时，应在×月×日前提出协商修改合同。甲方，不得少收或不收，做好生产采收技术指导。

10．违约处理：任何一方违反合同，按合同总值处以______%违约金赔偿另一方损失，并按《合同法》及有关法规处理，如发生争议，任何一方都可向人民法院起诉。

11．本合同自双方签字之日起生效，履行完毕作废。

12．本合同一式两份，双方各执一份为凭。

甲方：________（盖章）　　乙方：________（盖章）

经办人：________（签字）　　经办人：________（签字）

开户银行及账号：________　　开户银行及账号：________

____年____月____日　　____年____月____日

范文赏析（二）

商品代销合同

甲方（委托人）：____________

乙方（代销人）：____________

本合同经双方协商同意，达成如下协议，共同遵守。

第一条　代销商品、数量、价格

商品名称	商品品牌	规格型号	生产厂家	计量单位	数量	单价
合计人民币金额（大写）						

第二条　代销商品的质量标准：____________

第三条　代销商品交付时间、地点、方式及费用负担：____________

第四条　代销期限：从____年____月____日至____年____月____日。

第五条　代销期限终止后，未售出的代销商品的处理：____________

第六条　代销商品报酬的计算方法：________________________

____

第七条　报酬、货款的结算（可按下列方式选择，未选择的划掉）。

1．已售商品的价款每月____日结算一次，乙方的相应报酬从价款中扣除。最后一批代销商品价款与报酬在代销期限终止时结清。

2．已售商品达百分之____时，乙方与甲方结算一次价款，相应报酬从价款中扣除。最后一批代销商品价款与报酬在代销期限终止时结清。

第八条　本合同解除的条件：____________

第九条　违约责任：____________

第十条　合同争议解决方式：本合同在履行过程中发生的争议，由双方当事人协商解决，协商不成的，按下列第____种方式解决：

1．提交________仲裁委员会仲裁。

2．依法向________人民法院起诉。

第十一条　本合同有效期自××××年×月×日至××××年×月×日止。需延期则由双方协商一致。

第十二条　本合同　式两份，双方各执一份为凭。

甲方：____________（盖章）　　乙方：____________（盖章）

代表人（签字）：____________　　代表人（签字）____________

电话：____________　　电话：____________

开户行、账号：____________　　开户行、账号：____________

签约日期：________年______月______日

签约地点：____________________

简评：范文一是条款式合同，范文二是条款表格结合式合同，也是经济合同统一文本格式。这两则合同结构完整，主要条款内容具体明确，语言表述既简洁又严密，是两份比较规范的合同。

任务实施

练一练

1．填空题。

（1）经济合同又叫__________，它是指平等民事主体的________、________、__________之间设立、变更、终止民事权利和义务关系的协议。

（2）新《合同法》规定了订立合同的程序："当事人订立合同，采取______、______方式"。

（3）经济合同的书面形式（体式），主要有三种，即__________、__________、__________。

（4）不管哪种体式，经济合同的基本结构形式都主要由四部分组成：________、

____________、____________、____________。

（5）经济合同的基本内容主要包括以下几项：______、______、______、______、______、______、______，______、______。

（6）标的是合同中当事人双方______和______所共同指向的对象。

（7）甲、乙两企业订有购销合同，为保证合同的履行，甲企业按约给乙企业 4 万元定金，后乙企业违约，甲企业依法有权要求乙企业偿付___万元。

（8）《中华人民共和国合同法》是自________起施行的。

2．判断题。

（1）以欺诈、胁迫的手段订立的合同应该属于无效合同。（　　）

（2）婚姻、收养、监护、继承可以作为合同的对象。（　　）

（3）标的必须合法，武器、麻醉药、金银等流通物，可作为一般意义上的标的物。（　　）

（4）某合同“违约责任”一项中写道“每延期一天，甲方应偿付乙方 5% 的违约金”。（　　）

（5）违约责任又称“罚则”，是对不按合同规定履行义务的制裁措施。（　　）

（6）某合同中规定：“交货地点：无锡”。（　　）

（7）合同当事人必须履行合同规定的义务，任何一方不得擅自变更或解除合同。（　　）

（8）某合同中规定的货物包装标准为“袋装”。（　　）

改一改

3．分析这篇经济合同，指出其错误。

经济合同

甲方：××汽车制造厂三车间

乙方：××建筑公司生产科

甲方需建一座大楼，经双方反复协商，共同订立本合同。

一、甲方委托乙方建造大楼一座，由乙方负责建造。

二、全部建造费用大概为人民币××万元，甲方在订立合同生效后的一个月左右，先付给乙方全部费用的百分之五十左右，其余部分在楼房建成验收后一次付清。

三、建房所需的各项费用，由乙方根据需要自行分配。

四、大楼从合同签订之日起，用一年以内时间完工后交付使用。如未能保质保量完成，每月将按总建筑费用的百分之五左右罚款。

五、合同一式两份，双方各执一份为凭，并作为检查督促的依据。

××汽车制造厂三车间

××建筑公司生产科

2013年×月×日

写一写

3．无锡味美商店（简称甲方）的代表人张味，于2013年3月18日，与无锡吉利果品园（简称乙方）的代表人李山，经过协商达成以下协议：甲方购买乙方水蜜桃4 000斤，鸭梨5 000斤，李子7 500斤。要求每种水果在八成熟采摘后，一星期内分三批交货。由乙方用柳条筐包装并及时运至甲方所在地点，包装费和运费均由乙方负担。各类水果的价格是：水蜜桃每斤2元，鸭梨每斤1元，李子每斤1.5元。货款在每批水果交货的当日通过银行托付。如遇自然灾害不能如数交货，乙方应事先通知甲方，并协商修订合同。在正常情况下，如果甲方拒绝收购，应处以拒收部分价款20%的罚款，乙方交货量不足，应处以不足部分价款20%的罚款。此合同要求一式两份，双方各执一份。其余附注，如电话、开户银行、账号、地址等均可用××代替。请根据上述内容，写一份购销合同。

任务二 撰写经济起诉状

任务导入

李某于1992年进入某公司工作，于1997年与公司签订了十年期劳动合同。合同中对岗位、工资、合同解除条件、违约金赔偿等均有明确约定。2004年，李某向该公司递交了辞职报告，当日下午李某离开该公司。此后，双方劳动关系已实际解除，但未办理有关李某档案转移手续。李某要求该公司办理档案转移手续不成，遂于2005年向劳动争议仲裁委员会申请仲裁。该仲裁委做出仲裁裁决，裁决该公司为李某办妥人事档案转移工作等。该公司向法院起诉，要求支持该公司不予办理档案转移手续。

该案件中某公司向法院起诉，就需要用到相应的法律文书，即起诉状，那么该公司应如何来拟写这份起诉状呢？

任务要求

- 了解诉讼、诉状的性质及分类；
- 掌握经济起诉状的内容要素及写作思路；
- 能够根据相关要求写作经济起诉状。

知识准备

一、诉讼的性质及分类

“诉”意为控告，“讼”意为争辩是非，即通过控告以明辨是非，俗称打官司。在一个法律健全的国家，如果社会组织之间、个人之间发生矛盾纠纷和利害冲突，往往要通过一定的法律程序加以解决，这就需要诉讼。

根据诉讼的主体划分，诉讼有自诉案件和公诉案件之分。自诉案件是由公民、法人和其他组织提起的诉讼；公诉案件是由人民检察院提起的诉讼。

根据诉讼的性质划分，诉讼有刑事诉讼、民事诉讼和行政诉讼。

二、诉状的性质及分类

诉讼必然形成一定的书面材料，这就产生了诉状。

诉状是在刑事、民事、行政案件的诉讼过程中，诉讼当事人为了维护自己的合法权益，依法向人民法院提出某种诉讼请求或答辩而递交的书面状词。俗称“状子”或“状纸”。

常用的经济诉状有起诉状、上诉状、答辩状、反诉状、申诉状等。在经济活动频繁的今天，经济起诉状与经济答辩状是诉讼类写作中最常用的两种文体，也是经济诉讼最基本、最主要的文书。

三、经济起诉状的概念

经济起诉状是指经济纠纷案件的原告，为了维护自己的合法权益，就有关民事权利和义务的纠纷，向人民法院提出诉讼的书状。经济起诉状属于民事诉状。

在诉讼过程中提出诉讼者，即为原告，被诉讼者即为被告。原告诉讼时应向人民法院提交起诉状，并具有正本和副本，其中正本一份，由法院受理；副本份数根据被告人数确定，由法院送达被告，以便被告撰写答辩状。

四、经济起诉状的特点

1. 合法性

经济诉状主要是依法保护自己的合法权益。经济诉状的写作，只有在符合国家有关的政策和现行的法律时，才能受到法律的保护。

2. 规范性

诉状的写作，不仅要合法，而且应该规范，以保证其完整性和有效性。就内容而言，有效的诉状通常是事项齐全，并按规定顺序排列的。就形式而言，已形成程式化。

3. 严肃性

《民事诉讼法》、《民法通则》和国家的其他有关法律、法规，是诉状写作时必须严格遵循的规范。在适用法律上应该慎重、严肃，注意认定的客观事实和适用的法律条款相一致。

五、经济起诉状的结构和写法

经济起诉状的结构包括标题、首部、主部、尾部、附项。

1. 标题

标题一般分为两种，一种是直接用文种做标题，如“经济纠纷起诉状”或“起诉状”；第二种是由案由加文种组成的，如“追偿欠款起诉状”、“财产纠纷起诉状”。标题位于诉状上方，居中。

2. 首部

首部也叫“状头”，即当事人的基本情况。

在标题的下一行空两格起写上当事人的基本情况。主要包括原告和被告的姓名、性别、年龄、民族、籍贯、职业（职务）、工作单位、住址、电话号码等。如果原告和被告是企事业单位，要写明单位的全称、性质、所在地，法定代表人的姓名、职务，开户银行及账号；由诉讼代理人起诉时，应写明代理人的姓名、所在单位、代理权限和与原被告的关系等其他情况；如果有多个原告或被告，应依他们在案件中的地位、作用和责任的轻重依次说明其基本情况；如果是涉外案件，还要有相关当事人的国籍。

3. 主部

主部这是起诉状的主体，包括“诉讼请求”、“事实和理由”两项内容。

（1）诉讼请求

诉讼请求是指原告向人民法院告状的目的、请求意见和要求。要简明扼要地写清请求人民法院解决的经济利益的争论所在，如要求“偿还债务”、“即时付清货款”、“继承遗产”、“赔偿损失”、“归还产权”等。这是诉讼要达到的最终目的。若有多项请求的，则要分项列出。

（2）事实和理由

这是指原告提出上述请求的依据。这部分是起诉状的核心部分，它关系到人民法院是否受理此案及对案件的判决。这一部分内容，包括事实和理由两个方面。

① 事实即经济纠纷的事实材料部分。要把引起纠纷的原因、时间、地点、经过和分歧的焦点，以及侵权行为造成的后果、应承担的法律责任等写清楚，要用充分的证据来证明事实的真实性，使得诉讼有说服力。证据指证明事实的人证、物证、书证和其他有关材料。

② 理由即经济纠纷的法律材料部分。理由是诉状的“支柱”，无论请求什么，都必须有充分的理由。一般分两个层次：一是事实认定的理由，重在分析纠纷的性质、结果、过错责任等；二是法律根据的理由，即提出诉讼请求所依据的法律条文，在引用相关法律条文时应全面、准确、具体。

事实和理由写完后，如需要可单独列出证据和证据来源，证人姓名和住址等。

4. 尾部

这是起诉状的结束部分，包括三项内容。

① 致送人民法院的名称。另起一行空两格写“此致”，再另起一行顶格写上“×××人民法院”，后不加标点。

② 具状人（起诉人）的签名或盖章。如果是法人或其他组织，不仅要写明全称，还须有法定代表人的姓名和印章。

③ 具状日期。要求年月日写全。

5. 附项

附项一般需写明诉状的证据材料，包括本状副本份数、物证件数、书证件数等。

六、特别提醒

① 请求事项应合理合法，明确具体。

② 事实经过真实，叙述顺序清楚。

③ 理由分析透彻，法律依据充分。

经济起诉状写作参考模板：

经济起诉状

原告：姓名、性别、年龄（或出生年月日）、民族、籍贯、职业、工作单位、现住址。（如系单位，则写单位全称、地址）

法定代表人（如原告系单位）：姓名、性别、职务

委托代理人：姓名、性别、职业、工作单位

被告：姓名、性别、年龄（或出生年月日）、民族、籍贯、职业、工作单位、现住址。（如系单位，则写单位全称、地址）

法定代表人（如原告系单位）：姓名、性别、职务

诉讼请求：

____

____

事实和理由：

____

____

此致

__________人民法院

具状人：×××（或单位全称）（印章）

法定代表人：×××（印章）

××××年×月×日

附：本诉状副本×份

书证×份

物证×份

范文赏析

经济纠纷起诉状

原告：无锡市××综合贸易中心　　　地址：无锡市中山路××号

法定代表人：李××　　性别：男　　年龄：52 岁　　职务：总经理

委托代理人：张达　　性别：男　职业：律师　工作单位：无锡××律师事务所

被告：苏州市××贸易公司　　　　地址：苏州市人民路××号

法定代表人：王××　　性别：男　　年龄：50 岁　　职务：总经理

诉讼请求：

1．判令被告给付货款 14.5 万元。

2．判令被告支付所欠货款利息及有关损失共 20 万元。

3．判令被告承担全部诉讼费用。

事实与理由：

××××年×月×日、×月×日，原告派采购员王××，先后两次与被告副经理李××签订购销合同。第一份合同系购买各种规格的圆钉共 50 吨，每吨单价 0.22 万元，合计人民币 11 万元。第二份合同系购买镀锌 8 号线 200 吨，每吨单价 0.165 万元，合计人民币 33 万元。原告严格按合同规定办事，合同签订后一个星期内，分别将两笔货款汇到被告的账号上，共计人民币 44 万元，分文不差。

但是，被告却不按合同规定办事。原告第一批货款 11 万元汇出后一个月，被告才首次发出圆钉 20 吨，其余 30 吨再无音讯。第二批货款 33 万元汇出后，亦未见将镀锌 8 号线发出。原告多次发出函电催货，被告都不予理会。×月份以来，原告两次派人专程赴被告所在地，找被告副经理李××面商，并主动提出，如无货物，可以退款。李××多方推脱责任，继续拖延。至今既未将货物发出，又不给原告退回货款。

两份合同都有规定：供方在货款到后 10 日内未将货物发出，处以货款 10%的罚款。被告收到原告货款已经有 85 天，仍未将货物发齐，实属严重违反合同规定。被告这一行为致使原告的经营活动受到了严重影响，直接经济损失估计近 10 万元。

根据《中华人民共和国民法通则》第×条第×款和《中华人民共和国合同法》第×条，被告应当承担民事责任，原告有权要求被告偿付货款，并赔偿因拖延发货给原告造成的一切经济损失。

此致

××市中级人民法院

起诉人：无锡市××综合贸易中心（公章）

法定代表人：李××（印章）

××××年×月×日

附件：1．本状副本叁份（略）

2．物证叁份（略）

简评：范文符合起诉状的基本格式。标题直接标明文种，首部的原告和被告都是单位，因此依次写明了原告和被告单位名称及所在地址，法定代表人姓名、性别、年龄、职务，委托代理人姓名、性别、职业等。主部的诉讼请求明确具体、合理适度，事实和理由部分叙述了被告侵权行为的具体事实，前因后果写得详略得当，观点明确，语言表述逻辑严谨。尾部项目齐全，格式正确。

任务实施

练一练

1．填空

（1）根据诉讼的主体划分，诉讼有________和________之分。自诉案件是由________、________、________提起的诉讼；公诉案件是由________提起的诉讼。

（2）诉讼案件按性质不同分为三大类________、________、________；经济纠纷属于________。

（3）各种诉状的收件人是________。

（4）行政起诉状的被告只能是________。

（5）经济起诉状的正文包括________、________两个部分。

（6）经济起诉状的尾部包括________、________、________。

写一写

2．根据下面××有限公司负责人的口述材料，写一份起诉状。

××有限公司负责人的口述材料：今年3月6日，我单位与××科技有限公司签订了安装单位内局域网的合同。所需的60台计算机和1台服务器，以及安装网络、调试运行均由该公司负责，总计设备费680 000元，工程费60 000元，合计740 000元。3月12日，××科技有限公司来安装，3月21日完工。4月1日我公司按合同付款。安装后，自4月中旬起，设备就经常出问题，开始打电话，××科技有限公司还来修理、调整，后来干脆不来，让我们自己解决。可合同规定的很清楚，“设备硬件保修一年，在一年内无偿更换。”可他们根本不履行合同有关规定。我们找了几个计算机专业人员来查看，大家一致认为问题的真正原因是元件质量太差，所以，我们要求退货，但该公司不肯。我们觉得损失太大，所以要起诉，不但要退货，还得赔偿我们的损失。

任务三　撰写经济答辩状

任务导入

李某于 1992 年进入某公司工作，于 1997 年与公司签订了十年期劳动合同。合同中对岗位、工资、合同解除条件、违约金赔偿等均有明确约定。2004 年，李某向该公司递交了辞职报告，当日下午李某离开该公司。此后，双方劳动关系已实际解除，但未办理有关李某档案转移手续。李某要求该公司办理档案转移手续不成，遂于 2005 年向劳动争议仲裁委员会申请仲裁。该仲裁委做出仲裁裁决，裁决该公司为李某办妥人事档案转移工作等。该公司向法院起诉，要求支持该公司不予办理档案转移手续。

不久李某接到了法院送达的某公司起诉状副本，李某该如何针对起诉状来拟写答辩状，对该公司的诉讼请求进行反驳呢？

任务要求

- 掌握经济答辩状的内容要素及写作思路；
- 能够针对经济起诉状写作经济答辩状。

知识准备

一、经济答辩状的概念

经济答辩状是指在经济诉讼活动中，被告或被上诉人，在收到人民法院送达的起诉状或上诉状副本后，在法定时间内，针对起诉状或上诉状陈述的事实和理由，进行答复和辩驳的法律文书。

二、经济答辩状的分类

根据案件性质不同，答辩状可分为民事答辩状、刑事答辩状和行政答辩状，而经济答辩状属民事答辩状。

经济答辩状可分为两种：第一种是一审程序的经济答辩状，这是被告针对原告起诉状提出的；第二种是二审程序的经济答辩状（也即上诉程序的经济答辩状），是被上诉人针对上诉人的上诉状提出的。

根据有关法律条文规定，在法律诉讼活动中，原告和被告的诉讼地位是平等的，谁先到法院起诉，谁就制作起诉状，被起诉的一方就制作答辩状。对被告和被上诉人来说，提出答辩状，是一种重要的诉讼权利，体现了原、被告诉讼权利平等的原则。在答辩中反驳原告、上诉人的诉讼请求，是被告、被上诉人为维护自身的合法权益，在审判程序中保护自己所采取的一种诉讼手段。提供答辩状，有利于法院全面了解案情，做到“兼听则明”公正合理地断案。

根据民事诉讼法规定：被告或被上诉人应在收到起诉状或上诉状副本之日起15日内提交答辩状。人民法院收到答辩状后，应当在5日内将答辩状的副本发送原告或上诉人。

三、经济答辩状的结构和写法

答辩状的写作格式与起诉状有很多相似之处，由标题、首部、主部、尾部、附项组成。

1. 标题

标题一般分为两种：一种是用“答辩状”直接做标题；第二种是由纠纷案件性质加文种组成的，如“经济纠纷答辩状”、“民事诉讼答辩状”。

2. 首部

首部要写清答辩人、法定代表人及诉讼代理人的基本情况。如果答辩人有两人以上，应按起诉状中被告或被上诉人的顺序列出答辩人的基本情况。

同起诉状一样，如果答辩人是个人的话，只要写明答辩人的姓名、性别、年龄、民族、籍贯、职业（职务）、工作单位、住址等内容即可；答辩人是法人或其他组织的，应写明其名称、所在地址，然后写明法定代表人的姓名、职务、电话等；如果代理人是答辩人的亲属，应注明与答辩人的关系，如果代理人是律师，要写明姓名及所在的律师事务所名称。与起诉状不同的是，答辩状只要写答辩人的基本情况，不必写原告或上诉人的基本情况。

3. 主部

主部包括案由、答辩理由、答辩建议。

（1）案由

案由即答辩的起因，应写明对何人起诉进行答辩。

一般为程式化的语言，通常写为“因××××××（案由）一案，根据原告（上诉人）提出的诉状，答辩如下：”或“答辩人因原告（上诉人）×××提起×××诉讼一案，提出答辩如下：”。

（2）答辩理由

这是答辩状的主体，是答辩能否成功的关键部分。写作时主要针对原告或上诉人在诉状中提出的诉讼请求、事实和理由进行答复和辩解。答辩状中答辩的理由有以下几种情况：

① 如果对方当事人提出的事实和理由是合情合理的，诉讼请求也是妥当的，则被告或被上诉人自动放弃答辩。

② 如果对方当事人提出的事实是准确的，但仅是对原告或上诉人有利的一部分事实，则答辩人应补充出另一部分事实，分析对方隐瞒事实的意图，从而反驳对方的诉讼请求。

③ 如果对方当事人提出的事实和理由虚假或部分虚假，则答辩人应抓住对方虚假的事实和理由，并运用新的事实和理由反驳对方的诉讼请求，进而指出起诉请求不成立。

④ 如果对方当事人提出的事实本身是准确的，但依据的法律条文有出入或对法律的理解有偏差，答辩人应当据理反驳。

答辩理由的写作一般先列举对方诉状中的错误事实或理由为反驳的依据，树立靶标，然后列举事实、理由或相关的法律条文，作为反驳的论据，再运用逻辑推理得出新的结论。

（3）答辩建议

答辩建议是答辩人在提出事实、法律方面的答辩后，对本案的处理依法提出自己的答辩主张，请求法院裁判时予以考虑。如果说答辩理由是“破”，则答辩主张为“立”。

4. 尾部

这是答辩状的结束部分，包括三项内容。

① 致送人民法院的名称。另起一行空两格写“此致”，再另起一行顶格写上“×××人民法院”。

② 答辩人的签名盖章。如果是法人或其他组织，不仅要写明全称，还须有法定代表人的姓名和印章。

③ 答辩状写作日期，要求年月日写全。

5. 附项

附项一般需写明答辩状副本的份数，如本答辩状副本×份；还需写明证据名称和件数，如物证×份，书证×份。

六、特别提醒

① 答辩要有针对性，要反驳有力。

② 事实要澄清，要依事论理。

③ 法律条文要熟悉，要有法可据。

范文赏析

经济纠纷答辩状

答辩人：苏州市××贸易公司

地址：苏州市人民路××号

法定代表人：王××　　性别：男　　年龄：50 岁　　职务：总经理

委托代理人：李放　性别：女　职业：律师　工作单位：苏州××律师事务所　因××市综合贸易公司经济合同纠纷一案，根据原告提出的诉状，答辩如下：

原告诉称：原告与答辩人签订了两份合同，但答辩人没有如期交货，造成原告经济损失，要答辩人付违约金、赔偿款 20 万元。

原告所述失实。答辩人在××××年×月×日、×月×日先后两次与原告签订购买圆钉和镀锌 8 号线两份合同，金额共 44 万元，合同规定×月×日首货款必须全部汇到答辩人账号。但是直到×月×日，原告货款仍未汇到，迫于资金周转，答辩人被迫将组织到的货源如数退掉；由于圆钉和 8 号线货源极为紧张，×月×日市场价格分别上调 10%和 15%，×月×日原告款项才汇入答辩人账户，但答辩人已无法按原价组织货源，原合同由于原告的违约已无法履行。答辩人通知原告予以退款，原告却坚持按原价履行合同，否则除退款外加付违约金、赔偿金 20 万元。这就是事实真相。

综上所述，答辩人认为，原合同无法履行的根本原因在于原告的违约，原告应负全部责任。原告的诉讼请求缺乏事实及法律依据，请求法院查明真相，依法做出公正判决，以维护答辩人的合法权益。

此致

××市中级人民法院

答辩人：苏州市××贸易公司（公章）

法定代表人：王××（印章）

××××年×月×日

附件：1．本答辩状副本壹份

2．物证叁份（略）

简评：范文符合答辩状的基本格式。标题直接标明文种，首部的答辩人是单位，因此依次写明了答辩单位名称及所在地址，法定代表人姓名、性别、年龄、职务，委托代理人姓名、性别、职业等。主部针对起诉状中的错误事实进行了有力反驳，进而指出对方的诉讼请求不成立。尾部项目齐全，格式正确。

经济答辩状写作参考模板：

答辩状

答辩人：姓名、性别、年龄（或出生年月日）、民族、籍贯、职业、工作单位、现住址。(如系单位，则写单位全称、地址)

法定代表人（如原告系单位）：姓名、性别、职务

委托代理人：姓名、性别、职业、工作单位（如是律师，应写明工作单位是哪个律师事务所）

因×××诉我（单位）××××一案，答辩如下：

____

____

此致

__________人民法院

答辩人：×××（或单位全称）（印章）

法定代表人：×××（印章）

××××年×月×日

附：本答辩状副本×份

书证×份

物证×份

任务实施

练一练

1．填空

(1)根据案件性质不同,答辩状可分为__________、__________、__________,

而经济答辩状属______。

（2）答辩状根据法律程序不同可分为两种：______、______。

（3）根据民事诉讼法规定，被告在收到起诉状副本之日起____日内应提出答辩状。

（4）人民法院收到答辩状后，应当在______日内将答辩状的副本发送原告。

（5）答辩状的主部包括______、______、______三项内容。

（6）决定答辩能否成功的关键部分是______。

改一改

2．找出这份答辩状中的错误之处。

> 答辩状
>
> ××市××区人民法院：
>
> ××公司告我厂违约实在是冤枉。事实是双方签订了一份合同，约定由我厂为××公司加工制作一批儿童服装，但××公司未能按规定时间提供原材料。我厂为了不使工厂停工，只能改做其他单位的加工订货，因此才使得我们的交货超过了规定时间。所以责任主要在对方，希望人民法院能查明事实，做出公正的判决。
>
> 答辩人：××服装厂厂长×××
>
> 2013年×月×日

写一写

3．根据下列材料写一份答辩状，要求写作格式规范，内容完整清晰，用语准确。

有亲兄妹俩，哥哥王亮，妹妹王灿，他们都是无锡锡山区人。哥哥住在崇安区某新村，妹妹住在南长区某新村。其父早过世，其母78岁了，一人独居在锡山区某镇上，长期身体不好，平时家中请保姆照料。不久母亲去世，留下了私房2间，金银首饰数十件，价值10万元，储蓄人民币约40多万元。哥哥认为自己是唯一的王家继承人，依乡下风俗习惯，许多家庭父母家产都是由儿子继承。哥哥认为，妹妹出嫁以后，没有真正尽到赡养义务，没有经常看望母亲，也没有承担抚养费。妹妹一纸诉状，把哥哥告上了法庭。对此，哥哥向法院递交了一份答辩状。请代哥哥王亮拟一份答辩状。

任务四　撰写商品广告

任务导入

脑白金吆喝起中国礼品市场

在中国，如果谁提到“今年过节不收礼”，随便一个人都能脱口而出“收礼只收脑白金”。

脑白金已经成为中国礼品市场的第一代表。

睡眠问题一直是困扰中老年人的难题，因失眠而睡眠不足的人比比皆是。有资料统计，国内至少有 70%的妇女存在睡眠不足现象，90%的老年人经常睡不好觉，“睡眠”市场如此之大，脑白金功能定位可谓十分准确。然而，在红桃 K 携“补血”、三株口服液携“调理肠胃”概念创造中国保健品市场高峰之后，保健品行业的信誉跌入了谷底，脑白金单靠一个“睡眠”概念不可能迅速崛起。

然而令人没有想到的是，作为单一品种的保健品，脑白金以极短的时间迅速启动市场，并登上中国保健品行业“盟主”的宝座，引领中国保健品行业长达五年之久。其成功的最主要因素在于它的商品广告找到了“送礼”的轴心概念。

中国，礼仪之邦。有年节送礼，看望亲友、病人送礼，公关送礼，结婚送礼，下级对上级送礼，年轻人对长辈送礼等几十种送礼行为，礼品市场何其浩大。脑白金的成功，关键在于定位于庞大的礼品市场，而且先入为主地得益于“定位第一”法则，第一个把自己明确地定位为“礼品”，以礼品定位引领消费潮流。

（资料来源：《广告营销经典案例分析：创造最好的产品》）

由此可见，商品营销的策略很多，但商品营销的成功绝对离不开商品广告，好的商品广告所彰显的威力足以让人目瞪口呆。

任务要求

- 了解商品广告的概念和特点；
- 掌握商品广告文案写作的结构要素；
- 能评析并写作广告语。

知识准备

一、商品广告的概念

英语 Advertise（广告）这一术语，源于拉丁语 Advertre，有“注意”、“诱导”等意思。但就字面解释，是唤起大众注意某事物，并诱导至一定方向所使用的一种手段。

广告有广义和狭义之分，广义的广告包括以盈利为目的的经济广告，也包括不以盈利为目的的非经济广告，如公益广告。狭义的广告专指以盈利为目的的商业广告，也叫商品广告。

所谓商品广告是指以经济利益为根本目的，有计划地通过媒介传播商品、服务或树立企业形象，从而促进销售的大众传播活动。

二、商品广告的作用

商品广告是一种宣传手段，在向社会传递信息的同时，还有介绍、说明、启发、提醒、说服和诱导等多种功能，在经营活动中有着不可忽视的作用，主要表现在以下几个方面。

1. 活跃经济　繁荣市场

我国地域辽阔，各地区产品各有优势，依靠覆盖范围广泛的现代广告宣传，就能轻松地为企业产、供、销三方面架起桥梁，有利于调剂余缺，扩大销售，繁荣市场。

2. 了解商品　引导消费

商品广告便于消费者及时了解商品的性能、特点、购买方式、购买渠道等信息，众多强有力的商品广告，既可以刺激消费者的购买欲望，影响他们的消费习惯，又能让消费者从比较中选择自己满意的商品。

3. 指导生产　促进竞争

企业从商品广告中，可获取大量经济情报和市场信息，根据市场变化和需求及时调剂品种，调整计划，进行决策。同时也促进企业对已有产品进行改进和新产品的开发，增强企业自身的竞争力。

4. 美化生活　改善环境

一则好的广告，不仅能让人们从中了解商品的知识，还可得到美的享受。广告中美的语言、美的形象、美的观念、美的情感、美的画面往往能潜移默化地作用于人们的心灵。

三、商品广告的特点

1. 真实性

真实性是商品广告的生命和本质，是商品广告的灵魂。作为一种负责任的信息传递，真实性原则始终是广告设计首要的和最基本的原则。

为了确保广告的真实性，我国《广告法》第三条规定，“广告应该真实合法，符合社会主义精神文明建设的要求”；第四条规定，“广告不得含有虚假的内容，不得欺骗和误导消费者”。

2. 原创性

商品广告的原创性就是要有独创性，使个性化的内容和独创的表现形式和谐统一。广告设计的创新性有助于塑造鲜明的品牌个性，能让品牌从众多的竞争者中脱颖而出，强化其知名度，鼓励消费者选择此品牌。因此，品牌个性是一个有价值的资产。

3. 法规性

我国《广告法》第五条规定：“广告主、广告经营者、广告发布者从事广告活动，应该遵守法律、行政法规，遵循公平、诚实信用的原则”。此项规定明确要求商品广告在市场竞争中不得侵权、不得恶意攻击同类商品或竞争对手。

4. 艺术性

商品广告重要的美学特征在于“达意”，正确真实地表达产品本身的个性、特征，通过美表达出真（产品的真实可信）和善（产品的质地优良）。

真，是美的基础，在商品或服务信息的传递上要立足于真实，不能虚假和伪造。善，是要表达产品的实用价值，对社会、消费者有实际利益，实现了善，才可能有美的存在。美，必须建立在真善的基础上，但美最终是为了真善。只有实现真、善、美三个方面的高度统一，商品广告的艺术美才能得以充分体现。

5. 民族性

商品广告是针对一定时期、一定地方、一定对象的，必须适应相应的社会生活和文化传统，诸如时代气息、生活方式与习惯、风俗、相应的禁忌等。“国际品牌，本土文化”这句话既是商品广告定位的策略问题，也是对文化沟通、交融的认识问题。一些拥有全球品牌的跨国公司，如果不顾国家与地区市场的文化差异，按照自己的意愿做广告的话，必将付出惨重代价。

6. 传播性

商品广告的最终目的是获得经济效益，成功与否，一个重要的标志就是看传播过程是否合理有效。为了达到这一目的，任何商品广告产生之前，都要拟定广告策略，了解消费者的购买动机，针对他们的消费心理投其所好。

四、商品广告的分类

根据传播媒介的不同，广告可分为路牌广告、报刊广告、广播广告、电视广告、网络广告等几种。路牌广告包括橱窗、招贴、霓虹灯等广告。报刊广告以文字为主，也有配图像的。广播广告通过播音员的声音，配以乐曲播出。电视广告兼有上述三种形式的特点，即有文字、图像、播音、乐曲，是最有前途的广告宣传形式之一。现在普及计算机后，也可利用网络平台投放广告。

五、商品广告的结构和写法

一则典型的商品广告文案，由标题、正文、广告标语（口号）、落款四个部分组成。

1. 标题

标题是揭示广告主题的短句，被喻为广告的灵魂。好的标题能有效地吸引注意力，传递主要广告信息，诱导消费者阅读正文。常用的广告标题有直接标题、间接标题和复合标题三种。

（1）直接标题

直接标题就是一语道破，把最重要的事实和情况直截了当地告诉消费者，如“松树牌人参精”直接道出商品名称；“朵而，由内而外的美丽”直接道出商品名称、作用。

（2）间接标题

间接标题用迂回的办法诱导消费者饶有兴趣地去阅读广告正文，如“眼睛是灵魂的窗户，为了保护您的灵魂，请给窗户安上玻璃吧！”这是美国眼镜广告标题，它没有直接说出广告的商品，但已用暗喻的手法间接地告诉了消费者，从而使消费者乐于接受这样的诱导。

（3）复合标题

复合标题是上述两类标题的结合形式，使两类标题在一起相映成趣，更好地发挥广告效应，如“正题：松下电器变频式空调的使用者越来越多；副题：这么多的笑脸是舒适性和令人信赖的质量之证明”，“引题：四川特产，口味一流；正题：天府花生；副题：越剥越开心”。

2. 正文

这是商品广告构成要素中属于文章形态的部分，它必须是简洁通俗的日常用语，必须针对目标诉求对象对广告的产品或服务做具体而真实的阐述。撰写时必须能有效地强调广告产品或服务的魅力与特点，且要有趣味性。

① 商品广告的主体内容一般有三个方面：

1）商品的名称、性能、特点、用途、价格和使用方法等；

2）商品销售的方式、时间、地点等；

3）为顾客所提供的售后服务、责任和其他好处。

② 商品广告主体的结构一般有三个部分：开端、中心段、结尾，如雀巢咖啡广告词。

（开端）瑞士雀巢公司隆重向您推出驰名中外的雀巢咖啡。（中心段）精选优良的咖啡豆烘焙而成，用一茶勺雀巢咖啡加热水、加糖，即刻冲成一杯香浓美味的咖啡，提神醒脑，敬客自奉，至高享受——（结尾）味道好极了！雀巢咖啡！

③ 商品广告正文的写法：陈述式、问答式、证言式、文艺式（描写式）等。

陈述式：直截了当陈述商品名称、功能、规格、价目，让人一目了然。例如神奇牌蒸汽电熨斗的广告词："一气呵成，无需反复。增加了强力蒸汽，喷气量大小可供选择，便于携带，易于存放，大面积熨烫，速度快，成型效果极佳，它的出现改写了熨烫工具的历史。"

问答式：采用设问或对话形式介绍商品，形式活泼，易于激发消费者好奇心和购买欲。

证言式：借用权威人士和明星评价或赞誉来宣传介绍商品，也可用获奖情况、荣誉称号或典型用户的见证来证实广告内容的真实性，如汰渍洗衣粉的电视广告，就是通过一位家庭主妇讲述亲身体验来证明产品的功效。

文艺式：运用艺术语言介绍商品。可用诗歌、散文、小说、童话、戏剧、歌曲、对联、相声小品等各种文艺形式，富有形象性和感染力。

3. 广告标语

广告标语也叫广告口号。它与标题不同，它的主要功能在于表达企业的目标、主张、政策或商品的内容、特点、功能等，是企业从长远的利益出发，在一定时期内反复使用的特定宣传语句。标语可以放在广告版面的任何位置，有时可以取代标题置于广告版面的显著位置。广告标语在广告中往往起到画龙点睛的作用。

作为“语言的标志”，标语必须是具有韵味且意义完整的句子。它必须易读、易记并具有强化商品形象的功能。广告标语一般都只有寥寥几字，很少超过十个字。它必须适合于反复诉求，容易记忆，并有一定的号召力，通俗而具有现代感。

一句广告语是否精彩，一般可从以下几个方面来评析。

① 广告语是否突出了商品品牌及其最重要的特点。

② 广告语是否有好的语言形式。在广告词中最常见的修辞手法就是对偶和双关。

③ 广告词有无体现人文关怀。现代社会提倡“以人为本”，这一思想也应渗入广告语中。

例如，“现代汽车——驾驭现代，成就未来！”

在这句广告语中，一有商品的品牌——“现代”两字，鲜明地凸显了一种“现代生活”的理念；二在语言上运用了对偶和双关，驾驶现代车，有助于你开创未来；三体现了一种人文关怀，在做商品推介的同时告诫人们要珍惜现在，把握住现在，利用好现在，成就自己的人生，开拓自己的未来。

4. 落款

商品广告的落款也叫商品广告随文，又称附文，是广告文案的附属文字部分，是对广告内容必要的交待或进一步的补充，如生产销售单位的名称、地址、开户银行、联系人、联系电话等，有时也写一些促销活动的解释性话语，如奖品的兑现方法及解释权等。

范文赏析（一）

亮出身份特权 就在动感地带

一片动感地带 SIM 卡，特权身份就是我的。除了基本通话功能，还拥有四大特权任我享用：狂打电话特权——多种动感资费套餐供应，让我放下话费包袱，轻松饱尝沟通乐趣；喜新厌旧权——常有新款手机打包给我，旧的没去新的已经来了；花样翻新权——业务极大丰富，听的说的，看的玩的，都是我变着花样想要的；有福同享权——N 多厂商与我联盟，吃穿玩用都有特殊待遇，别人的地盘，正在变成我的地盘。我爱这特权，爱这里东东特别全。

动感地带，我的地盘，听我的

中国移动服务热线：10086

简评：这则广告文案结构完整，由标题、正文、广告标语（口号）、落款四个部分组成。采用直接式标题，鲜明生动道破商品名称、作用，由此增强了品牌形象的吸引力。正文部分，侧重突出四大功用，写得简洁而生动。广告口号，既显示了品牌特点，又体现了人文关怀，言语中充满拥有它的自信和霸气，易读易记，激发了消费者必须拥有它的一种内在冲动。

范文赏析（二）

电视画面——父亲与儿子的对话。

儿子：给您换一个大的，看得清楚，遥控，坐哪里都没问题。

妈不在了，一个人吃饭不能随便，给您买了微波炉，又快又方便……

您腰不好，有时间就用它按摩，很舒服呢。

爸，我走了，有事传呼我。

父亲：又不能在家吃饭了？

儿子：以后再说吧，哪儿不是吃饭？朋友多，天天都要应酬。爸，我走了。

……

儿子：我跟他们说了，今天哪里都不去。

爸，咱们先吃饭，吃完再陪您下两盘，很久没跟您下棋了。

字幕：沟通就是关怀。电信沟通　心意互通。

简评：这是香港 4A 广告创作大奖“金帆奖”的爱立信广告片文案《父子篇》中的片段。“爱立信”曾经做过一组非常著名的品牌形象广告，它是以最易引起消费者共鸣的亲情入手，通过《代沟篇》、《父子篇》向消费者传达爱立信品牌形象——沟通就是“理解”，沟通就是“关怀”的利益承诺。整个文案运用写实手法，人物完全是生活化的人物，语言也是地地道道的生活中的语言，用感人肺腑的细节，把如何“理解”、如何“关怀”写得情真意切。

任务实施

练一练

1．下列广告语和广告词有何特色？

（1）别克君威——在动静中融智慧，于无声处见君威。

（2）吉利汽车——沟通于心，服务于行。

（3）除了妈妈外，最爱护我的就是强生。

（4）娃哈哈采用的说唱形式的电视广告词。

唱：中国有个娃哈哈，说：千家万户都知道它。

唱：一日两瓶营养液，说：每天吃饭就是香。

唱：银耳燕窝好气派，说：送给爷爷和奶奶。

卡通唱：酸酸甜甜新果奶，说：妈妈我要——喝。

写一写

2. 为自己所在学校招生一则设计宣传广告宣传标语。

3. 为自己喜欢的一种物品写一篇完整的广告文案。

任务五　撰写调查报告

任务导入

无锡市江南公司财务部出纳兼公司文员古月，刚进公司不久，公司总经理为考察其工作能力，要求她对公司财务制度进行一次为期两周的调查，并形成书面报告。事关工作前程，古月必须及时撰写出一份高质量的调查报告。

任务要求

- 了解调查报告的性质、作用、特点及类别；
- 掌握调查报告的内容要素及写作思路；
- 能够根据相关要求独立撰写调查报告。

知识准备

一、调查报告的性质及作用

调查报告，就是为了一定的目的，深入实际，了解、掌握所需的材料，经过分析、研究，得出揭示事物本质和客观规律的结论后所形成的书面材料。

调查报告是经济活动和管理工作中获取信息、解决问题常用的一种重要手段。它主要有四个方面的作用：一是能为领导者正确决策和指导工作提供依据；二是能传播经验，推动工作；三是能揭露问题，引发关注；四是能澄清事实，消除影响。

二、调查报告的特点

1. 材料的客观性

调查报告必须以客观事实为基础，掌握和分析客观真实的材料，由此得出正确的结论。如实反映客观事实和结论，调查报告才有价值。

2. 主旨的针对性

调查报告带有一定目的、有针对性地调查了解社会、基层、市场等情况，把好的工作方法和典型经验及时加以研究推广，将人们普遍关心的问题或尚未引人注意的问题加以披露，让人引以为戒。

3. 观点的科学性

调查报告不只是把调查得到的事实材料公布于众，而是要从事实中引出带规律性的观点和结论，使读者得到科学的指导。

三、调查报告的类别

按照性质划分，调查报告可分为反映社会情况的调查报告、推广典型经验的调查报告和揭露问题的调查报告。

按照内容涉及的范围划分，调查报告可分为综合调查报告和专题调查报告。

四、调查的方法

1. 调查的基本方法

调查的基本方法有普遍调查、典型调查、重点调查、抽样调查、个案调查等。普遍调查是全面性的调查，花费大、时间长，不仅不经济，而且调查的结果往往因为时间长而失去意义。在社会发展迅速，各方面情况变化速度较快的当下，一般不采用普遍调查的方法，而大多采用典型调查、重点调查、抽样调查、个案调查的方法。

（1）典型调查

典型调查是指从调查对象的总体中选取一个或几个具有代表性的单位，如个人、群体、组织、社区等，进行全面、深入的调查。其目的是通过直接地、深入地调查研究个别典型，来认识同类事物的一般属性和规律。

正确地选择典型是进行典型调查的关键。典型选得适当，调查的结果可以真实地反映同类事物的一般属性。典型选错了，调查的结果就不可能真实地反映同类事物的共性，只会得出错误的结论。典型是客观存在着的，不是调研者主观选取的。调查者选择典型的过程，是根据调研目的，在调查对象中发现和确定典型的过程。

典型调查的目的不在于认识少数的几个典型，而在于借助于典型认识它所代表的同类事物的共性。这就要求对典型进行全面深入的直接调查。

（2）重点调查

重点调查是通过对重点样本的调查来大致地掌握总体的基本数量情况的调查方式。所谓“重点”，是指总体中那些在某一或某些数量指标上占有较大比重的单位或个体。

重点调查与典型调查一样，它们都不是采取随机抽样的方法确定具体的调查对象，因此，选点都易受主观因素的影响。但它们调查对象的数量都较少，因此都比较省时、省力，方便易行。两者的差异在于：重点调查的具体对象是重点，而重点不一定要有代表性或典型性，而要求在总体中具有重要地位或在总体的数量总值中占有较大比重，而典型调查的对象则要求其具有代表性或典型性；另外，重点调查主要是数量认识，而典型调查主要是性质认识。

（3）抽样调查

抽样调查是指从调查对象的总体中抽取一些个人或单位作为样本，通过对样本的调查研究来推论总体的状况。

与典型调查相比较，抽样调查一般是标准化、结构式的社会调查，它具有综合定性研究和定量研究的功能，因此，抽样调查已成为现代社会调查的主要方式。

抽样调查的调查对象一般要求采取随机抽样的方法确定。随机样本的代表性较少受到抽样者主观因素的影响，其代表性是由随机抽样方法来保证的。因此抽样调查的信度和效度首先依赖于科学的抽样方法。

根据调查任务的具体要求，确定总体的范围，这个范围就是抽样的范围。如果不能明确抽样的具体范围，就不能采取随机抽样的方法进行抽样。

（4）个案调查

个案调查有两种情形：一是专项调查，即调查的对象只有一个个体，调查的目的只是为了了解个体的状况；二是从某一社会领域中选择一两个调查对象进行深入细致的研究。这种研究的主要目的就是认识所选调查对象的现状和历史，而不要求借此推论同类事物的有关属性。因此，个案调查如需选择具体的调查对象，则并不要求其具有代表性或典型性，但要求个案本身具有独特性。

2. 调查的具体方法

具体的调查方法可分为以下三种：

（1）观察法

观察法是调查者亲临现场，对被调查者的行为、言谈不直接提出问题，而是在被调查者无所感知的情况下进行调查。这种调查方法可以细致地观察被调查者的行动、神态、所处的环境等。通过这种调查所搜集的资料比较真实可靠，推断出来的结论非常接近实际，效果比较好。它的不足之处是调查面较窄，花费时间较多，所接触的只是一些事物的表象，有时不能深刻地揭示事物的内在因素。

（2）询问法

询问法是调查者事先确定好调查内容，通过与被调查者的接触、交流，取得调查资料。交流可以用书面、电话、面谈等方式进行。

（3）实验法

实验法是调查者有目的、有意识地通过改变某些重要因素来认识被调查对象的本质及其发展规律的方法，如当商品设计、包装、品质、价格、广告、陈列方式等因素改变时，就经常通过这种调查方法来了解它们的效果如何，是否有发展前途，还存在哪些问题等。市场上经常举办的展销会、新产品试销活动等都是实验法的具体表现。

以上三种调查的具体方法可以单独使用，也可以结合起来使用。

五、调查报告的写作

调查报告的结构一般由三部分组成，即标题、正文、落款。

1. 标题

调查报告的标题一般有以下三种写法。

（1）公文式标题

公文式标题常用介词“关于”引出调查的对象、内容或范围，再加“调查报告”，如《关于××企业文化建设情况的调查报告》、《关于××公司推行人事制度改革的调查报告》。公文式标题能使读者对调查对象和调查内容等有个大概的了解。

（2）文章式标题

文章式标题一般可概括调查内容或提示调查结论、表明观点，如《改善经营管理，提高经济效益》、《××农民是如何脱贫致富的》。这类标题便于读者抓住调查报告的中心。

（3）新闻式标题

新闻式标题又叫复合式标题，即同时使用上述两种标题。上一行是正题，用文章式标题点名调查内容或主要观点，下面一行是副题，用公文式标题补充说明调查对象、内容或范围，使读者在阅读正文前就对调查报告的有关情况有了初步了解，如《深化改革，走出困境——关于××市××厂改革经营方式的调查报告》。

2. 正文

调查报告的正文一般分为前言、主体和结尾三部分。

（1）前言

前言又叫开头、引言、导语。内容不同，写法也不同。常见的写法如下：

① 交代基本情况，如调查的时间、地点、对象、范围、方式、目的等；

② 概括全文内容，或揭示主旨；

③ 介绍主要经验或成果。

无论是哪种写法，都要为主体的开展做好准备，打好基础，并且要求写得言简意赅、明确醒目、引人注意，富有吸引力。

（2）主体

主体部分是调查报告的主干、核心，主要运用整理出来的材料，展示出事物发生、发展、变化的过程，揭示出事物的本质和规律；从材料的分析中，揭露事物的矛盾，抓住问题的关键，阐明正确的观点，获得正确的结论，找出解决问题的途径和方法。

不同的调查报告包括的内容有所不同。反映社会情况的调查报告内容包括“情况”、“分析”；推广典型经验的调查报告内容包括“做法”、“效果”；揭露问题的调查报告内容包括“问题”、“原因”。

调查报告的类型不同，主体的写法也随之而异，但合理地安排结构，是共同的要求。调查报告的主体通常按下面三种结构方式进行写作：

① 纵式结构，即按事件发生、发展的顺序写，材料前后连贯；

② 横式结构，即把材料概括为几个方面分别阐述；

③ 纵横结合式结构。材料总体上分为并列的几个部分，在每一部分内又是按事件发生、发展顺序写，材料前后连贯；或材料总体上分为连贯的几个部分，在每一部分内又是互为并列的。

（3）结尾

结尾要根据调查报告的不同种类来写。反映社会情况的调查报告结尾可针对情况提出建议；推广典型经验的调查报告结尾可阐述重大意义，提出希望；揭露问题的调查报告结尾可以提出处理意见和改进措施。如果主体部分已包含上述内容，可不加结尾部分。但不管写什么，都要写得简明扼要，不要单纯地重复主体的内容，更不能“画蛇添足”，说些与主题无关甚至损害主题的话。

3. 落款

正文结束之后，一般在正文右下方写明调查报告作者的名称，以示对调查报告所反映的内容负责，并写上成文日期。

资料卡

写作调查报告的步骤

1. 确立调查目标，制定调查计划；
2. 深入实际，认真调研，广泛收集资料；
3. 认真研究，分析整理，得出结论；
4. 编写提纲，提炼观点，形成报告；
5. 修改润色。

范文赏析

大学生出国留学意向调查

中国学生出国留学的历史可以追溯到清朝末年，至今共经历了三个阶段。清政府维新变法时，派遣了一批青年志士去西方学习工业技术，以此达到“师夷长技以制夷”的目的。20 世纪二三十年代至中华人民共和国成立前，一批青年远渡重洋，求知域外，这里面也包括一些共产党的早期革命家。解放后，由于中国在冷战格局中的阵营地位，出国留学以前苏联为主。1978 年以后，出国留学进入了一个新的高潮期。据网上公布统计，1978－1996 年间，我国前往世界各地的留学人员累计达 27 万人，这其中国家公派的为 4.4 万人，单位公派 8.6 万人，剩下的 13.9 万人属于自费出国。自 90 年代起历年在美国取得理工科专业博士学位的中国学者人数已经超过中国自己授予的博士。仅 1995 年一年，就有 2 751 名中国学生在美国取得博士学位，占当年各国留美学生所获博士总数的 10%，高居各国留美学生之首。

××市场调查有限公司于 2008 年 3 月在××大学、××大学、××师范大学、××交通大学、××航空航天大学五所高校随机对301位大学生进行调查，了解他们自身对于出国留学的意向及看法。

一、你问我要去何方，我指着大海的方向

在301名被调查的大学生中，有211名有意向出国，比例超过了70%，表明出国留学已经成为大学生的一种主流选择。相关分析显示，理工科学生有出国意向的明显多于文科生。××大学物理系的甘××教授称，近年来该校物理系排名前三分之一的学生都已出国，目前该系有500多人在美国。××大学的BBS上发出了一条消息，××计算机系某班35人今年共拿到了89个国外大学的奖学金（大部分是美国高校，而且大多都是名校），这意味着，如果他们都想走的话，几乎都可以走。我们注意到，在一些名校的某些系，出国已经成为本科生毕业后的常规选择，就像到北京来读书就要争取留京一样。

二、首选之地——美国

这次调查中，有意向出国的211名大学生中，最想去美国者达166人，占四分之三以上。除美国独占鳌头外，居二、三、四位的分别为日本、加拿大和英国，不过它们都不足总数的1/10。历史资料显示，从1978－1996年的18年间，中国共有13.5万留学生前往美国，占此期间中国出国留学生总数的50%。美国历史虽短，但学府林立，其大学教育以高度开放的姿态，得天下英才而育之。而且美国是一个移民国家，所以在学完后就业相对容易，美国理所当然地成为中国留学生的首选。每年的七八月份，到美国大使馆（领事馆）门口站一会儿，你就能体会到这种和夏天一样的热浪。

表一　想去的国家

国　别	人　数	百分比
美　国	166	70.9
日　本	19	8.1
法　国	2	0.9
英　国	12	5.1
新加坡	8	3.4
加拿大	13	5.6
瑞　士	1	0.4
荷　兰	2	0.9
澳大利亚	5	2.1
德　国	5	2.1
俄罗斯	1	0.4
总　计	234	100

注：上述有意向出国的211名大学生中，有的同学想去的国家超过一个。

三、去留之际

开阔视野和国外较好的学习条件成为大学生选择出国的主要原因。国外大学先进的教育设备，良好的教学氛围，深深地吸引着大学生们，特别是理工科的学生。国外发达的经济条件和对自身专业前途的选择，也是部分大学生出国的理由。值得一提的是，认为国内就业环境较差的只占1.9%，可以看出，现在的大学生出国是一种往更高处走的主动寻求发展型的选择。

表二 想出国学习的主要原因

出国学习的主要原因	人 数	百 分 比
想去国外看一看，开阔视野	127	34.9
国外的学习条件较好	105	28.8
所学专业在国外更有前途	49	13.5
国外经济较发达，有吸引力	46	12.6
受同学、朋友、父母的影响	16	4.4
其 他	14	3.8
国内就业环境较差	7	1.9
总 计	364	100

注：该题为多选题。

在选择不想出国的大学生中，国内发展并不比国外差是比较多的学生的观点。另外联系学校、签证、准备一些必要的生活费、买生活用品都需要客观的费用，承受能力不足使一些同学望而却步。签证的道路也充满了艰难险阻。

表三 不打算出国学习的主要原因

不打算出国学习的主要原因	人 数	百 分 比
在国内发展并不比国外差	53	37.1
家庭环境不允许	21	14.7
成本较高，且成功与否有一定随机性	19	13.3
文化差异较大，很难融合	15	10.5
考托福、考GRE难度较大	14	0.8
专业不适合在国外发展	7	4.9
其 他	14	9.8
总 计	143	100

注：该题为多选题。

四、归去来兮

调查结果显示，明确表示如果出国了，毕业后肯定会回国工作的占44.1%。据统计，1978—1996年自费出国留学13.9万留学人员中回国者仅有3 000人，比例仅为2%，希望调查对象在国外留学毕业的那一天依然做出这样的决定。

五、利弊之辩

这次调查中，所有被调查对象都对出国对于国家的利弊发表了自己的看法，认为很有利或有利的总共占61.1%，认为很不利或不太有利的总共占16%。

表四　出国学习对国家的利弊

是否有利	人　数	百分比
很有利	23	7.6
有　利	161	53.5
一　般	69	22.9
不太有利	46	15.3
很不利	2	0.7
总　计	301	100

在这次调查中，设置了一道开放题让被访者谈一谈对出国留学的看法，结果统计发现：大学生们倾向于从个人和国家两个方面探讨出国的价值和意义。这大概和我们的教育方向有关。很多的学生强调出国是件好事，但学成后应回国为祖国做贡献，正如××大学赵同学所说，“良禽择木而栖，但不应忘本”；有的同学认为国家也应创造良好的条件，吸引海外学子学成回国；也有人认为人各有志，不可强求。

中国和其他发展中国家一样，存在着“出去的多，回来的少”的人才外流现象。这些留学生们，接受世界一流的教育，对发达资本主义经济的实际运作有着切身的了解，实为国家发展所必需。但是怎样才能回来，什么情况下会回来，应该是着重考虑的问题。为了让他们回来，政府能够、应该做些什么？人才的保有是国家间竞争的一种形式。在全球化浪潮的推动下，人才的跨国界流动将会越来越频繁，出国学习对个人来说是自我发展的应有之义。中国也确实从来没有这样迫切的被世界接纳的需要。如果我们想留住人才，空洞的国家、民族观念对留学生来说已经没有太多的吸引力。应该考虑切实改革国内的竞争环境。如果我们真的能够培养出适合人才生存、发展的土壤，留学生回流是自然而然的事情，中国人才流动的出超转变为入超也并非不可能。到那时候，青年才俊爱国家，振兴民族也将会水到渠成了。

××市场调查有限公司

2008年4月10日

简评：出国留学是一个值得关注的话题，尤其是近年来出国留学还出现了低龄化的现象，这更是引起了人们的关注。对于其原因和利弊问题，也常常是见仁见智。对众所关注的问题进行调研并撰写成报告，这是调查报告的基本意义所在。本案例是属于研究问题，以便于有关方面制定政策的调查报告。本案例标题由调查内容和文种两部分组成。前言从背景分析入手，说明调查研究的重要意义，随后交代调查研究范围、调查对象和调查主题。主体部分从出国意向、出国方向、出国原因、出国以后的发展以及出国留学的利弊认识等五个方面展开数据分析，角度得当、层次清楚、针对性强。案例具有四个鲜明特点：一是小标题生动活泼，有很强的可读性；二是数据翔实，说服力强；三是表文结合，有理有据，版式活泼，显得一目了然；四是观点客观明确，尤其是最后所述人才的跨国家流动观点是积极健康的。

任务实施

练一练

1．目前儿童食品、用品消费已进入了“消费旺季”，厂家纷纷认准了儿童这一庞大的消费群体，想方设法地对自己的产品进行全方位的包装、促销，以吸引孩子们的眼球。然而，在利益的驱动下，许多厂商完全无视国家的有关规定，利用包装、广告、促销等种种手段，将劣质商品，甚至是有毒有害商品搬上了柜台。从而使儿童这一特殊消费群体的权益受到侵害。假如你打算写一份《儿童商品包装调查报告》，你可以从哪些方面进行调查？

写一写

2．江南集团有限公司打算将旗下瓶装饮用水——“江南”牌纯净水在学生市场中进行推广。请你在本校范围内，对消费者饮用瓶装水的消费行为进行调查，写一篇市场调查报告。

任务六　撰写经济论文

任务导入

无锡市工业学校会计与审计专业古月同学临近毕业，系主任提出最后的考试以论文的方式进行考核打分，论文题目自拟。古月苦思冥想不知道该如何选题，也不清楚论文到底该怎样完成，于是她来到了指导教师王老师的办公室，向王老师请教经济论文的选题和写作思路。

任务要求

- 了解经济论文的性质、意义及特点；
- 掌握经济论文的内容要素和写作思路；
- 能够根据相关要求独立撰写经济论文。

知识准备

一、经济论文的性质及意义

经济论文是经济工作者在对经济领域的问题进行探讨和研究之后，表述研究成果的文章。它涉及国民经济各个方面，如会计、统计等各专门学科，是经济研究过程和研究成果的反映。一篇优秀的经济论文可以使作者的学术成果、思想观点得以展示和传播，可以成为国家制定经济政策的理论依据，还能指导经济实践，促进社会主义经济学科的发展。

二、经济论文的特点

1. 科学性

经济论文研究的应当是经济活动中的实际问题，而不是空洞的理论，其次应当揭示经济规律，论点、论据、论证过程都应该是客观科学的。

2. 实践性

经济论文一般是对社会生活中的经济现象、案例进行深入分析后，得出理性的结论，并提出具有建设性意见的解决方案，因此应当能够解决社会经济发展中的实际问题。

3. 独创性

由于经济论文研究的是经济活动中出现的新问题、新事物、新情况，没有现成的规律可以借用，必须依靠新思路，表达新见解，因而撰写经济论文时不能“拾人牙慧”，而要经过自己的研究摸索。

三、经济论文的类别

经济论文，按照不同标准可以分为不同的类型。

从研究的着眼点看，可以将经济论文分成宏观经济论文和微观经济论文。

1. 宏观经济论文

此类论文考察全国的经济活动，研究具有全局性、根本性，它研究的是经济中的总量及其变化，如央行金融调控手段，剩余价值规律的合理利用等。

2. 微观经济论文

此类论文以单个经济单位为考察对象，一般研究个别企业，个别市场，个别消费者。例如，乡镇税务工作、某厂工资调节税的作用等。

从课题研究设计的范围来看，可将经济论文分为专题性论文和综合性论文。

1. 专题性论文

它是指集中研究某一个方面的问题的论文，如研究国际经济与贸易、财政管理等，作者就某种社会现象或业务中的问题深入探究，将情况和结论写成文字材料。这类文章对社会实践有很大的作用。

2. 综合性论文

它指的是在同一时空内将某些学术问题的结论加以整合归纳，提出问题，引起社会的重视。这类文章通常以评论为主。

四、经济论文的写作

经济论文的写作不是一个一蹴而就的过程，而是精打细磨的过程，一般分为选题、搜证、构思和执笔、修改和定稿四个过程。

1. 选题

选题就是要选择研究的论题，选择课题是写作经济论文的第一步，它是研究开始前的酝酿阶段。

（1）选题的原则

选题应当符合两个原则。一个是具有理论和实践价值，即所选择的题目一方面能够对现有的经济学说完善、深化、突破，另一方面能够对当前的经济活动有直接的指导作用。其次是要切实可行，即所选的题目应当是符合自己的知识结构、智力能力、兴趣爱好的，同时又是能够驾驭的，否则劳心劳力，前功尽弃。

（2）选题的范围

经济论文选题时一般围绕三个方面：一是开创性课题，即前人没有研究过的课题；二是延伸性课题，即前人已经有了相当程度的研究，但是还可以发展，补充或者修正的课题；三是综合归纳性课题，即把别人的研究成果加以综合评析，指出问题，或取得新的成果。而校园经济论文一般以第二种最为可取。

2. 搜证

课题确定后需要去搜集大量的材料。写作经济论文，占有材料至关重要。收集材料的途径主要有两个：进行社会调查和查阅文献资料。

（1）社会调查

社会调查的方法主要有观察法、询问法和实验法。

① 观察法。

观察法指的是调研者亲临现场，在对方没有感知的情况下进行调查。这类调查主要研究经济活动中的客体，能够掌握真实可靠的资料，但因为接触的是事物的表象，因此会有局限性。

② 询问法。

调研者可以直接和被调查者进行交谈，掌握可靠资料，这种调查可以采用书面、电话或者口头等方式。

③ 实验法。

实验法是动用推算因素变化而产生的影响来调查社会经济发展变化的趋势。

这三种方法可以单独使用，也可以结合使用。

（2）查阅文献资料

查阅文献资料一般经过两个步骤。第一步是广泛收集研究课题需要的书名、篇名及出处。尽可能地查阅前人的研究成果，并将查到的目录分类，确定研读的先后顺序。第二步是阅读文献，做好摘要。对材料进行分类、鉴别、研究、归纳，最终获得自己需要的材料。

3. 构思和执笔

（1）构思

有了材料之后，写作的初级阶段基本完成，但是在执笔前还需要将自己的整体构思进行梳理，因此在执笔前需要有个腹稿，即构思阶段。构思主要是确立论文的三要素：论点、论据、论证。

① 论点。

论点是论文的核心思想。论点确立后，可以从不同角度、不同层次提出分论点来证明中心论点，而不管是分论点还是中心论点，措辞要注意精确。

② 论据。

经济论文是对经济领域某一学科规律的揭示，是对真理的探究和发现。研究者使用的论据必须准确、科学、典型。理论论据是被前人证明的真理，用来证明观点的权威性；事实论据是用来证明课题研究的适切性；数字论据是用来证明观点的科学性。

③ 论证。

确立了论点、论据之后，就要展开论证过程，一般的论证过程为“序论—本论—结论”三步骤。序论相当于文书的开头，担负着提出问题的任务。主要说明研究的动机、缘由，有的会阐释基本观点的含义。本论部分主要是分析问题，阐明观点。结合论据对论点进行阐释。结论部分是对本文的论证做一个归纳，表明总的看法和意见，或者强调某些观点。

（2）执笔

通过构思完成腹稿之后，作者就可以正式执笔表述了，在这个过程中会对之前的腹稿不断修改。一般来说，执笔内容包括标题、作者姓名和单位、摘要、关键词、正文、结语、参考文献七个部分。

① 标题。

标题是在限定课题之后确定的论述题目。课题只是一个研究方向，而题目才是调研者要研究分析的内容，如“金融结构”是一个课题，它可以写几篇论文，那么针对“金融结构”将《金融结构调整的迫切性》定为要单独研究的题目，就缩小了范围，保证了研究的质量。

② 作者姓名和单位。

这项属于论文的署名。署名大致分为单个署名和多个署名。后者按署名顺序列为第一作者、第二作者……重要的是坚持实事求是的态度，对研究工作与论文撰写贡献最大的应列为第一作者。

③ 摘要。

论文一般应有摘要，有些为了国际交流，还需要外文摘要。摘要是论文内容的简短陈述。摘要应当包括从事研究的目的和重要性，研究的主要内容，获得的基本结论和研究成果，以及结论或者结果的意义。它能够令读者对论文全貌一目了然。

④ 关键词。

关键词一般有3～5个，用来描述文献资料主题和给出检索文献资料的一种新型的检索语言词汇，关键词的标识能够让读者了解文章的侧重点。

⑤ 正文。

经济论文是议论文的一种，其主要表达方式是议论，但有时也会用到叙述、说明和描写。议论文的论述就是根据题目运用论据来证明观点。常用论证方法有例证法、引证法、反证法、比较法、喻证法等。此外，论文的语言要合乎逻辑，合乎事物的发展规律，尽量做到严谨、精确、平实。

⑥ 结语。

结语在正文之后独立成段，属于作者对全文的收束。这一部分可以是对全文进行画龙点睛的总结，也可以提出研究的新境界，给其他研究者以方向。结语不能代替学术研究最终得到的结论。

⑦ 参考文献。

优秀的论文除了单独标明文中句子的出处外，在文末应当列举自己撰写本文时阅读的文献资料。文献资料的列举可表明文章的科学性，同时也可以给其他研究者以启迪。在标注参考文献时应当注意格式的规范性。参考学术论著的，应当标明作者、书名、出版地、社名、出版年月和起止页。参考杂志、报刊应标明作者、题名、刊名、出版年月、期号（卷号）、起止页。

4. 修改和定稿

文章写好后，作者要经过反复修改才能定稿。修改不仅是修改字句的问题，还要检查自己对客观事物的认识。一般先做一个总体检查，主要检查观点和结构，着重看论证是否合理，观点材料是否统一。然后做局部检查，包括材料和文字。

定稿时要检查文章的引文出处，对有需要的予以加注，如果有调查问卷的则需要作为附录呈现在参考文献之后。

资料卡

经济论文的特点：科学性、实践性、独创性。

经济论文的内容要素：标题、作者姓名和单位、摘要、关键词、正文、结语、参考文献七部分，有的还有引言和附录。

经济论文的结构要素：序论、本论、结论。

范文赏析（一）

论金融债权的风险与保全

作者：××××××　　单位：××××××

摘要：随着经济的垒球化及快速增长，各商业银行、信用合作社的竞争也日益激烈，他们以为大中小企业提供资金及发展机会而获取利息，企业为发展壮大或解决一时的财政危机而向其贷款，这本为互利状态，而如今却出现多数债务人钻法律漏洞，采用诸如将企业改制破产等方式来逃废金融债权，给国家和各金融机构造成了很大的损失，给整个金融环境造成了很大的影响。金融业不允许被破坏，因为它的表现代表了一个地区甚至说是一个国家的法制环境，是这样的法制环境纵容了逃废金融债权的企业。它的表现同时也反映了公民的信用和道德水准，因为逃废金融债权本来就是借款企业的一种无信行为。企业逃废金融债权已经成为困扰金融业的重要问题，作为一名多年的工作者也深深感受到了金融债权面临的风险。所以为保全金融债权，加强金融债权管理已变得刻不容缓。在这里就从下面几个方面浅谈一下自己的认识与见解。

关键词：金融债权；金融机构；经济信用

所谓金融债权是指各金融机构按照信贷合同约定将资金借贷给借款人而形成的权利，它与借款人的义务是相对应的。而金融债权风险则是指由于各种原因，环境的或者人为的因素，而无法实现该有的权利。当然纯粹的侵犯金融债权行为是一种违法行为，是要受到法律制裁的，因此大多数造成金融债权损失的不是那种赤裸裸的侵犯债权行为，而是将企业改制、兼并或者破产，享受法律的保护，利用那些优惠政策，如破产可以救济债务人，可以终结债权债务关系。现在的这种侵犯行为已经愈演愈烈，危害性极大，这不是一方力量可以制止的，这需要我们共同努力，共同营造一个纯净的金融环境，为我国经济的正确发展铺正道路。

一、当今金融债权面临的风险及原因

如今企业逃废债权情况越来越多，资金是一个很具有诱惑性的东西，当这份诱惑遇到了可以利用的环境，那它就变成了现实。据统计，截至 2003 年末，某市在工、农、中、建四家国有商业银行开户的改制企业有 126 户，涉及贷款本息 4.74 亿元，其中经过金融债权管理办公室认定的逃废债企业 70 户，占改制企业的 55.6%，逃废银行贷款本息 1.62 亿元，占改制企业贷款本息的 34.2%。此数据可以看出金融债权面临的危险十分严峻。中国人民银行曾采取各种措施对逃废债权企业进行打击。首先对逃废债权企业发通知书，督促逃废债权企业纠正错误行为。其次是组织公开曝光，利用舆论评论、各方媒体共同抵制逃废债权行为。最后采取法律手段请人民法院进行诉讼、保全、冻结其结算账户。虽说制裁措施非常严厉，然而效果却不明显。

原因是多方面的，主要是因为这些企业的生存环境给了它们太多的纵容，各地政府、行政部门金融风险意识不够高，只顾局部的小利益而不能从大局出发，顾全国家的大利益。当然金融机构内部也有自己的不足，一个银行或者说信用社要将巨大的资金借贷给企业，要有实质性的提前调查、合同审查和贷后跟踪，而这些重要的工作却往往被忽略了或者走了形式化，造成最后债权的流失。还有一个不能排除的原因就是我国的法律太过笼统，不够细化，致使一些企业趁机钻“死角”，逃避债务。

二、金融债权意识的提高及其在保全中的重要性

如今金融债权问题的突出原因就是金融债权意识淡薄。加强金融债权管理是防止信用危机的有效手段，逃废金融债权不仅仅是未履行该承担的义务，而且还破坏了正常的信用秩序。债权的存在依赖信用，有了信用作为支撑，债权工作才会大大简化。加强金融债权管理也为国民经济的健康发展提供了有力的保障，我们的日常消费离不开货币的交换，离不开与银行的合作，当今几乎人人都要在银行存钱取钱，银行掌握了国家大量的资金，债权的长期流失必然会动摇经济的稳定。企业要长存，就必然要建立现代化企业制度，在这样的制度里企业的产权必须要明晰，各种职权必须要明确，还要有科学的管理，绝不是靠逃避债务可以做到的，那只能用来摆脱资金匮乏的困境。然而银行的债权得不到实现，造成国有资产的大量流失，那么企业的造血干细胞以后则无法再为他输送鲜血。企业只能在有限的管道里枯萎。我们倡导企业能摆正心态，改变经营观念，本着诚实守信的态度，有借有还，科学管理企业，努力提高产品质量，扩大企业的市场。在和谐的环境中，共赢共利。

三、维护金融债权的各项措施

随着社会经济体制的不断改革，金融债权风险会越来越大，而且形式会越来越多。现在为逃避债务，很多企业想出了各种各样的办法，诸如多头开户，用一户向银行借款，然后这个公司就只挂空名，将这些资金拿去他用，或将借贷的资金分配给公司职员，让他们入股把公司改制成股份制，以此来逃脱债务。如果再没有有力的措施对其进行维护和保障，金融危机的出现将不再是传言。要保全金融债权。我们要从多个角度采取措施，完善机制。

1．从国家的角度所采取的措施

国家的政策引领每个行业往不同的方向前进，为保全金融债权。国家首先要完善法律，虽然法律上有公司并购、重组、破产和清算时债务债权的规定，但是这些规定不够具体，不能细化至专门的规范文件，而且没有说明逃废债权行为应承担怎样的处罚。随着金融债权风险新形式的不断出现，法律也应该适时进行补充。加强各地政府行政人员的教育，强化他们的金融意识，引起他们对金融债权的重视，以及了解金融风险给国家和国民经济带来的不利影响。

2．各地政府应该采取的措施

地方党委和政府应该齐心协力为当地营造良好的信用环境。市场经济的发展离不开一个好的信用制度，政府部门不仅要加大金融法律法规的宣传，而且要倡导中华民族诚实守信的传统美德，加强公民的信用观念。企业恶意逃废债权破坏了当地的投资环境，使当地的金融环境出现恶性循环，也损害了当地的对外形象。因此政府部门不能只看重地方当前的利益而默许和纵容企业的逃废债权行为。

3．金融机构的改进

从内部环境来讲，金融机构要加强自身建设，完善内部管理，努力提高员工的素质，加强法制观念，配备足够的法律人员为保全金融债权做好准备工作，加强自我保护意识。金融机构要严格按照法律规定办事，如《贷款通则》规定："贷款发放后应对借款人执行借款合同情况进行跟踪检查"，但很多金融机构重前不重后，忽略贷后资金的跟踪。信贷人员需要参与到企业改制中，主动了解企业的变动情况，及时掌握信息，防范金融风险。金融机构的管理者要明确规定各级领导干部应该履行的责任。做好借贷工作的每一步。对因不履行责任而造成机构贷款大量损失的干部给予处分，情节严重的，如故意弄虚作假而损害机构权益的，要开除公职。

从外部环境来看，金融机构要加大与政府部门的沟通协调，得到当地政府的支持。政府的理解与支持将更有利于机构维护自己的债权。与此同时，金融机构还要与司法机关多多交流，让司法机关对本机构的职能与系统有更清楚的了解，在以后的债务案件审理中争取到比较居中的裁判，维护该有的权益。各金融机构也要紧密合作，资源共享，记录企业的信用情况，形成一个公开的信息网，供社会各界浏览和监督。对那些逃避债务的企业法人，应将其纳入黑名单，对其所负责的企业或者是主管的部门不提供任何的借贷。金融机构要充分利用资源维护自己的权益，有效地打击侵犯债权的行为。

4．企业和企业法人

企业作为受益者，要保护自己所在的环境，利用这个环境让自己不断壮大，不让其恶化。尤其是每个行业的领军人物要为整个行业塑造良好的氛围。企业存在的价值不只是为国家创造财富。它还需要承担一定的社会责任。

四、结语

金融债权风险已成为金融业的一大威胁。通过现状的分析，我们不能不感叹保全金融债权的紧迫性。该文分别从国家、各地政府、金融机构和企业四个角度提出了一些建议，但是放在具体的实施过程中，还需要根据实际情况做相应的变动。任何一项措施的实施都要有合适的环境。希望社会各界学者都能就此问题发表自己的见解，共同研究，相信将来的金融环境会带给我们安定的社会。

参考文献：

[1]张大龙.加强金融债权管理的难点及对策[J].上海会计.2003(7).

[2]王光.浅谈金融债权管理的难点与对策[J].海南金融.2003(12).

[3]张晋军，程国章.加强金融债权管理保障金融资产安全[J].经济师.2000(3).

简评：范文是一篇现实性很强的经济论文。

这篇论文研究了当前社会大家关心的金融债权问题。经济论文的结构要素完备。标题——说明了文章研究的问题，也正是大家关心的问题。序论部分着重说明了文章研究的主要内容。本论部分从三个方面递进式地说明了金融债权面临的问题、提高安全的重要性和我们应当采取的措施。每一大点又有独段的阐述，条理清晰，论点清楚。最后在结语部分再次重申保全金融债权的紧迫性。文章的篇幅虽然不短，但是语言简明、准确。文后的参考文献格式也符合规范。

范文赏析（二）

中美经贸关系现状及发展前景

摘　要：由美国次贷危机产生的全球性的金融危机似乎仍有蔓延的趋势。金融危机也并不等同于经济危机。在各国纷纷为金融危机献计献策的同时，我们也应该深深地思考金融危机背后的深层次的问题，是资本主义货币体系引发的本质问题，还是只是表面现象。这些问题无不关系到中国和美国之间的贸易往来。在世界贸易格局的大背景下，中国和美国之间的贸易摩擦似乎也多了起来，这些问题的根本都是由于中国在加入世界贸易组织之后，与世界贸易体系连为一体，在与美国的贸易关系中，中国的每一项决策都会引起双方的高度重视。随着贸易的不断深化，双边利益共同体成为常用词，无论怎样，克服当前的困难，为今后的贸易互惠，为中美贸易的长期健康发展，我们都应该尽一些力量。

关键词：经贸；双边；体系；一体化

一、中美贸易逆差

美国是中美贸易双边利益的巨大受益者，它至少在就业和维持国内的高生活水准等方面得到较大的好处。美国国会的一些议员指责中国夺走了美国工人的工作。实际上，根据美国贸易代表办公室在“美国和世界贸易组织”的报告中提供的信息：美国每出口 10 亿美元价值的商品和服务，就能给美国国内带来近万个工作岗位，仅其每年对华直接出口就可以提供 30 万个高薪水的就业岗位。此外，从美国国内市场价格看，中国的商品价廉物美，有助于缓解美国的通货膨胀，使广大消费者得到实惠。再说，这些廉价商品大都已经不在美国生产，即使中国的产品不进入美国市场，美国也要从其他国家进口同样的商品。

二、中国的市场经济地位

中国争取“市场经济国家地位”的问题，复杂而敏感，看来不是单纯经济问题那么简单，牵涉很多政治、法律上的问题。近几年，中国经济的迅速崛起，在各方面都给美国带来了很大挑战，对外贸易顺差加大，引来“中国威胁论”泛起。再加上中国有别于美国的政治经济体制以及独立的外交政策，使得美国的商界和政界都在寻求一种手段来遏制中国，“非市场经济地位”正中其怀。“打中国牌”已经成为美国政界惯用的手法，中美在不少问题上都存在泛政治化的倾向，“市场经济地位”同样会沦为美国向中国讨价还价的政治筹码。

除复杂的政治动机外，妄加的经济原因也是美国的另一个借口。比如，华盛顿的美国制造业协会代表曾在去年6月3日发言表示，中国的货币政策为中国提供了不公平的贸易优势，使中国在2003年与美国的贸易顺差达到了1 240亿美元，导致美国的工厂自2001年以来失去了200多万个工作机会。其实众所周知，近几年美国制造业一直不景气，说到底是本国生产成本太高造成的，把之归咎于人民币汇率或中国低价倾销，纯属是为自己开脱而已。

三、金融危机下的中美贸易

尽管中美双方在意识形态、战略安全等领域存在诸多分歧，三十多年来，中美之间的政治关系起伏不定，但在经济方面的共同利益却促使经贸合作一直保持稳定增长的势头，成为中美关系的“内在稳定器”。温总理称“互利共赢的中美经贸关系，不仅给两国人民带来了实实在在的经济利益，而且成为中美关系发展的重要基础和强大动力”。

美国方面认为，除去美国金融市场遭遇次贷危机的影响，最近人民币升值突然停止，也进一步加剧了中美贸易逆差问题，两国汇率之间的争论可能由此进一步激化。此次会谈中国将重点关注美国承认中国“市场经济地位”问题的进展。

此外，最近美国在世界贸易组织框架内要求中国解释有关猪肉和小麦等农产品税收、补贴和出口规则的合法性。分析人士表示，美国有可能在此次会谈时就中国的农业政策提出挑战，这表明两国的贸易摩擦有可能在原有的制造业和服务业之外开辟新的战线。值得注意的是，美国农业部长也将出现在美中商贸联委会会议上。

四、美国对华出口管制力度的加强

长期以来，在全球一体化下，美国在执行对华高科技出口管制政策时试图在获取市场、提高竞争力和国家安全上取得平衡。为同欧盟、日本等国竞争，美国不得不放宽了一些高技术产品的出口，但总体上仍维持冷战思维，深恐中国经济、军事强大对其构成威胁。2001年，美批准对华出口许可证990个，涉及金额2.27亿美元，占美批准出口总金额的2.8%，因此美对华高技术出口额占其总出口额比重是很小的。自从2001年8月授权实施出口管制的美国《出口管理法》到期后，美国一直通过紧急授权维持出口管制制度的效力。2002年1月，在美中安全审议委员会举行的听证会上，许多政界要员和学者都表示应通过对华管制，使中国的科技和经济水平与美保持50年的距离。

五、中国企业前景

鼓励我国有竞争优势的产业和企业“走出去”，如家电、轻纺和成衣、食品加工和轻工业产品。一些质量价格比有明显优势的机电产品，可以通过对外投资在当地设立企业和机构，把国内过剩的生产能力、原材料及零部件出口到国外市场。这可以考虑分三个阶段来进行。一是未来五至十年的起步阶段，主要目标是在实践中逐步摸索和建立适合我国企业跨国经营的对外投资方式、地域、途径和管理体制。除大型资源型开发项目外，投资规模一般较小，投资企业以改制后的国有企业、外向型企业和有实力的民营企业为主体，投资领域主要是国内比较有优势的产业以及为国内企业跨国经营相配套的研发、销售和生产环节。二是未来二十年的稳步发展阶段，主要目标是初步建立国际化的生产体系，形成一批中等规模的跨国公司和企业，逐步培育起国际化的综合物流和金融运作能力。三是在更长时期内发展全球生产体系，形成一批有全球竞争实力的大型跨国公司和企业，这些企业具备在全球市场上配置供应链和技术创新能力。

参考文献：

[1] 高振沧，黄秀梅. 中美贸易摩擦的成因与对策 [J].辽宁工程技术大学学报（社会科学版）. 2005(4).

[2] 许祥云. 美国在华直接投资对中国向美国出口的影响研究 [D].华东师范大学.2006 年.

[3] 宾建成.中美经贸为何走到十字路口[J].世界知识，2003(19).

简评：该范文是一篇贸易经济论文。

这篇论文题目为《中美经贸关系现状及发展前景》，文题已经交待了论点。为详细阐释，作者将中美经贸的现状进行分析，既有理论论据，又有事实论据，用数字说话，体现了文章的科学性。全文重在分析而非论证，重在过程而非结果。属于宏观经济论文。

经济论文写作的参考模板：

××××××××

作者：×××　单位：××××××

摘要：200 字

关键词：3～5 个

正文：序论

　　　本论

　　　结论

结语：总结性的或启发性的

参考文献：

（附录）

任务实施

练一练

1．请根据下列材料，拟写分论点。

（1）电子商务税收的监管与实现不仅需要对纳税人的经营场所和交易的细节进行认真准确的鉴定，还同时要具备对交易单据凭证进行核对的条件以及对商流活动进行有效的监控，这些活动环节都面临着虚拟化带来的诸多问题。这些问题就是现行税收法律体系不能有效适应电子商务活动的具体表现，可以将其归纳为三个方面。一是纳税主体。电子商务交易双方往往采用虚拟方式进行交易，真实身份无法查证，使得现行税务机关无法判定纳税主体，这就导致传统的税源控制方法失去了效力。二是征收对象。征税对象是征税的依据，而电子商务中的书籍和软件等数字化产品很难判定为商品还是服务，到底应该征收增值税还是营业税，根据现行的税收理论很难做出准确判定。三是征税环节。现行税法体系对征税环节的规定是基于有形产品的，主要适用于对流转额征税，而网络交易的销售和流通等阶段无法准确切分，最终导致征税环节往往难以判定。

（2）金融犯罪仅是操作风险中的主要类型，并不能涵盖所有类型的操作风险。根据我国对金融犯罪的定义，金融犯罪是指在金融活动中，侵害金融管理制度、金融市场秩序以及其他社会经济关系，依照我国刑法规定，应当受到刑法处罚的行为。对比巴塞尔委员会关于操作风险的定义，金融犯罪显然不包括那些由于银行自身不完善的流程和系统漏洞以及外部事件等因素造成的操作风险。最简单的例子就是操作失误，比如银行员工误将取款操作成存款，或者数字录入错误等均属于操作风险的范畴，但并不构成犯罪。将操作风险等同于金融犯罪，往往会使商业银行无意识地缩小操作风险的管理范围，错误地将操作风险管理等同于金融犯罪管理，从而将操作风险管理职责不恰当地赋予内部审计或安全保卫部门。这恰恰是造成目前我国商业银行操作风险管理进展缓慢的原因所在。

（3）一方面个人所得税是所得税种中纳税人最多的一种，征管工作量大；另一方面个人所得税也是最复杂、最难管的税种之一，应税项目多，计算公式多，再加上个人收入多元化隐性化，现金交易的大量存在，税源难以监控。尽管计算机信息技术在中国运用十分广泛，但税务系统内部缺乏必要的部门配合和监管手段，政府部门画地为界，缺乏全国范围内统一的信息规划和信息共享。税务机关缺乏技术手段限制了对纳税人个人信息的掌握。如果个人恶意隐瞒收入来源和收入水平，或者使用现金交易逃税，将很难加以监控。同时，技术落后对申报纳税人带来了极大不安全和不便。尚未形成以计算机网络为依托的现代化征管手段。

2．根据以下题目，任选一个拟写文章大纲，要求有论点和论据。

（1）审计外包国际化及革新。

（2）建立现代企业制度的难题和对策。

（3）坚持中国经济体制改革的市场取向。

（4）论中国税权的划分问题。

（5）对江苏沿海经济的发展现状分析。

改一改

3．找出并修改经济论文中的几处错误。

投资

20世纪80年代兴起的行为金融理论研究了人的心理、行为所造成的投资失误和市场异像。在分析了投资者心理、行为特征的基础上对投资策略进行了探讨。

关键词：行为金融理论 投资策略 投资心理

行为金融学概述

传统金融理论是建立在市场参与者是理性人的假定的基础上。在此基础上，传统金融学的核心内容是著名的有效市场假说（EMH）。该假说认为，相关的信息如果不受扭曲且在证券价格中得到充分反映，市场就是有效的。根据这一假说发展起来的各种金融理论，包括现代资产组合理论（MPT）、资本资产定价理论（CAPM）、套利定价理论（APT）、期权定价理论（OPT）等一起构成了现代金融理论的基础，也构成了现代证券投资策略的理论基础。然而，随着金融证券市场的不断发展，传统金融理论和金融证券市场的现实不断发生着冲突，大量的实证研究发现，人的行为、心理感受等主观因素在金融投资中起着不可忽视的作用，人们并不总以理性的态度做出决策。在现实中存在诸多的认知偏差和不完全理性的现象，证券投资行为中会表现出各种偏激和情绪化特征。在证券市场上则表现出股票价格的各种“异象”，如一月效应、周末（周一）效应等，用传统金融理论很难对这些“异象”给出合理的解释。在这种情况下，源于20世纪50年代的行为金融学受到了重视，它从一个全新的视角来分析金融市场，克服了传统金融学的一些弊端。

行为金融投资决策的心理、行为特征

De Bondet 和 Thaler（1995）认为过度自信或许是人类最为稳固的心理特征，他们列举了大量证据显示人们在做决策时，对可不确定性事件发生的概率的估计过于自信。资金管理人、投资顾问和投资者都对自己驾驭市场的能力过于自信，在投资决策中过高估计自己的技能和预测成功的趋势，或者过分依赖自己的信息而忽视公司基本面状况从而造成决策失误的可能性。这种过度自信完全有可能导致大量过度交易的产生。

行为金融投资策略

任何理论都是为应用服务的，行为金融学也不例外。行为金融学不仅是对传统金融学理论的革命，也是对传统投资实践的挑战。例如，行为金融学的大师 Richard Thaler，他既是理论家，又是成功的实践者，他和 Russell Fuller 一起发起成立的以他们的名字命名的 Fuller & Thaler 资产管理公司管理着 15 亿美元的资产。他认为他们的基金投资策略的理论基础是：利用由于行为偏差引起的系统性心理错误。投资者所犯的心理错误导致市场未来获利能力和公司收益的偏差期望的改变，并引起这些公司股价的错误定价。发现投资者心理上的系统性偏差，是基金获利的基点。其基金业绩似乎也在证明着这一点，1992—2001 年，其基金的报酬率高达 31.5%，而同时期的大盘指数收益仅为 16.1%。总体而言，行为金融的理论和实践之间还存在着很大差距，还没有成为投资专家们广泛而普遍的制导理论。有两个原因，一是行为金融理论本身并不完全成熟；二是利用这些理论测定各种各样影响价格的心理变量时，会遇到很多操作难题。当然，任何理论都是有缺陷的，在金融市场中没有人也没有任何投资策略可以一直获得超额回报。行为金融投资策略让投资者具备了战胜市场的可能，但永远也无法具备打败市场的保证。

反向投资策略

反向投资策略就是买进过去表现差的股票而卖出过去表现好的股票来进行套利的投资方法。由于股票市场经常是反应过度和反应不足的，对反应过度的修正会导致过去的输家的将来表现高于市场平均水平，从而产生长期超常回报现象。邦特（Debondt）和塞勒（Thaler）（1985）的研究表明这种投资策略每年可获得大约 8%的超常收益。对此，行为金融理论认为，这是由于投资者在实际投资决策中，往往过分注重上市公司近期表现的结果，通过一种质朴策略（Nave Strategy）——也就是简单外推的方法，根据公司的近期表现对其未来进行预测。从而导致对公司近期业绩情况做出持续过度反应，形成对绩差公司股价的过分低估和对绩优公司股价的过分高估现象，为投资者利用反向投资策略提供了套利的机会。

惯性交易策略

惯性交易策略是指在分析股票过去相对短的时间内（通常是一个月到一年）的表现的基础上，预先对股票收益和交易量设定过滤规则（filter rules），当股票收益或股票收益与交易量同时满足过滤规则时就买下或卖出股票的投资策略。Rou venhorst（1998）对其他12个国家的研究证实了动量效应的存在，从而证明了这种效应并不是由于数据采样的偏差所造成的误解。我国市场存在明显的惯性效应，利用股票在一定时期的波动采用此策略可以买入卖出而获得价差收益。

结论

自20世纪80年代起至丹尼尔·卡尼曼（Daniel Kahneman）的行为经济学获2002年诺贝尔经济学奖，行为金融理论迅速崛起，对现代金融理论提出了强有力的挑战，可以说行为金融理论已经成为金融理论领域最为引人注目的研究主题之一。当然，行为金融理论远非一个完全成熟的理论，其对投资实践的指导能力也因时因地而异。

参考文献：

[1] 行为金融学———理论及在中国的证据[M].上海：上海三联书店，2004 李心丹.

[2] 杨奇志.证券投资者行为偏差研究及在我国证券市场中的应用[J]. 现代管理.

写一写

4．无锡市工业学校财务管理专业王海星老师准备在自己班开展小组研讨，他给学生罗列了《论我国对外贸易环境》的提纲，让学生分头准备资料，要求学生讨论交流。

《论我国对外贸易环境》

1. 我国对外贸易的制度背景

（1）转轨经济

（2）发展中经济

（3）特有的思想文化背景

2. 我国对外贸易的国际环境

（1）世界经济基本格局

（2）世贸组织对华政策

（3）发达国家对华政策

（4）亚太经合组织对华政策

3. 我国对外贸易的内部条件

（1）国内经济增长、技术进步

（2）国内经济发展周期

（3）人民币汇率的变动

5．在讨论交流之后，请你就以上提纲用手头资料完成一篇规范的经济论文。

任务七　撰写内部审计报告

任务导入

无锡市江南公司出纳兼文员古月因工作出色，被调至审计部担任内部审计人员。今年年初，公司将组织对上年财务收支情况进行内部审计，古月被委任为本次审计的审计组组长，全面负责本次审计事宜。作为审计组的组长，在审计现场结束后，古月要根据审计情况，汇总整理资料，最终形成内部审计报告，那么内部审计报告的写作有什么样的要求呢？

任务要求

- 了解内部审计报告的性质及特点；
- 掌握内部审计报告的内容要素及写作思路；
- 能够根据相关要求独立撰写简单的内部审计报告。

知识准备

一、内部审计报告的性质及分类

内部审计报告是内部审计人员，根据审计计划对本单位实施必要的审计程序后，就本单位经营活动和内部控制的适当性、合法性和有效性出具的书面文件。根据《内部审计具体准则第 7 号——审计报告》第四条规定："内部审计人员应在审计实施结束后，以经过核实的审计证据为依据，形成审计结论与建议，出具审计报告。"

根据审计内容的不同，内部审计可以分为财务收支审计、专项审计、基建项目审计、经济责任审计等。因审计事项的不同，内部审计报告也各有侧重，审计内容和审计目标紧密结合是内部审计报告撰写的基本要求。

二、内部审计报告的特点

1. 准确性

内部审计报告应该实事求是，所陈述的内容，都应该经过取证，以充分的事实为依据。对审计中发现的被审计单位取得的成绩或管理中存在的亮点，要如实地加以反映；对审计中发现的问题，要揭示真相，分析原因。

2. 及时性

内部审计机构是本单位的一个部门，可以通过日常了解，及时发现管理中存在的问题或问题的苗头，简化审计程序，迅速与有关职能部门沟通或与管理者反映，随时对本单位的问题进行审查，纠正已出现或可能出现的问题。

3. 建设性

内部审计报告要针对本单位的问题提出可行的改进建议，以发挥其对促进改善经营管理，提高经济效益的作用，进而促进组织目标的实现。

资料卡

审计小知识

审计是什么？审计经过不断的完善和发展，至今已经形成一套比较完备的科学体系。美国会计学会（AAA）审计基本概念委员会在《基本审计概念说明》中将其定义为："审计是一个系统化过程，即通过客观地获取和评价有关经济活动与经济事项认定的证据，以证实这些认定与既定标准的符合程度。"

审计三要素：审计主体、审计客体、审计授权或委托人。

审计按主体不同分为：政府审计、内部审计、注册会计师审计。

三、内部审计报告的写作

内部审计报告结构主要包括标题、主送人、正文、审计报告出具人和日期等。

1. 标题

内部审计报告的标题一般由"审计事项目"、"文种"两要素组成，如《关于×××年度财务收支情况的审计报告》、《关于×××任期经济责任的审计报告》、《关于拟并购××公司资产情况的审计报告》等。

2. 主送人

根据内部审计机构隶属关系的不同，内部审计报告的主送人包括："总会计师"、"副总经理（主管财务）"、"总经理"、"董事会"等。

3. 正文

内部审计报告一般由开头、主体两部分构成，因审计事项的差异，内部审计报告在正文部分会有一定差异，现以财务收支审计事项为例。

（1）开头

内部审计报告的开头包括审计依据、审计工作开展情况、会计责任和审计责任等。

① 审计依据：审计依据即内部审计人员开展审计工作的依据，一般可表述为“根据××××年审计计划或审计计划委员会安排”。

② 审计工作开展情况：包括审计范围、审计方式、审计实施的起止时间等。一般可以表述为“审计组自××××年××月××日至××××年××月××日，以就地审计（送达审计）的方式，对××××年度财务收支情况进行了审计”。

③ 会计责任和审计责任的划分：会计责任是指被审计单位应建立、健全相关的内部控制制度，保护其资产的安全、完整，对其会计资料的真实性、完整性、合法性负责。审计责任是指审计人员对出具的审计报告的真实性、合法性负责。

一般可以表述为“×××对其提供的与审计相关会计资料、其他证明材料的真实性和完整性负责。审计组的责任是根据提供的会计资料及其他资料发表审计意见”。

（2）主体

内部审计报告的主体包括基本情况、审计查出的主要问题、审计建议。

① 基本情况：主要反映被审计单位的管理体制、人员情况、财务隶属关系、财务收支及资产负债情况等。

② 审计查出的主要问题：在审计报告中陈述时，根据问题的重要性，如金额的大小、性质、影响程度等，对问题进行排序。每个问题揭示时先定性质后量化，即先以定性的方式概括指出审计查出的问题是什么，随后对问题的内容、金额、结果等进行明确具体的描述。

③ 审计建议：审计建议是根据审计查出的问题，提出的合理化建议。审计建议要符合相关法律法规和制度的要求，同时也要结合实际情况突出针对性，注重可操作性，以便被审计单位进行整改。

4. 审计报告出具人和出具日期

正文右下方要署上审计组组长及审计组成员的姓名和出具审计报告的日期。

范文赏析

关于2012年财务收支情况的审计报告

尊敬的公司董事会及分管领导：

根据公司2013年审计计划安排，审计组于2013年3月1日至3月25日对公司2012年度财务收支情况进行了就地审计。审计组实施了包括抽查会计凭证在内的必要审计程序，公司财务部对会计资料的真实性、合法性和完整性负责，审计组的责任是对审计结果发表意见。现将审计结果报告如下：

一、基本情况

（一）财务收支情况

2012 年，收入总额 6 950 万元，其中营业收入 6 600 万元，营业外收入 350 万元；成本费用总额 7 806 万元，其中营业成本 5 520 万元，管理费用 820 万元，财务费用 762 万元，营业费用 646 万元，营业外支出 58 万元；收支净额–856 万元。

（二）资产负债净资产情况

截至 2012 年 12 月 31 日，资产总额 9 850 万元，负债总额 4 569 万元，净资产 5 281 万元。

二、审计发现问题

（一）财务核算方面

1．库存现金和银行存款入账不及时。通过审核库存现金和银行存款日记账发现，截至审计日，库存现金和银行存款业务前三日的业务尚未登记入账，未做到到"日清月结"。

2．费用单据报销不规范。抽查反映部分招待费报销凭证要素不全，如 2012 年 12 月 8#记账凭证所附报销单据未注明报销事由；同月 15#凭证所附报销单据证明人栏未见签字。

（二）资产管理方面

已交付使用厂房未及时纳入"固定资产"科目核算。公司委托建造的办公用房 5 600 平方米，总价 3 200 万元，于 2012 年 8 月 31 日交付使用，尚未纳入"固定资产"科目核算。

三、审计建议

（一）出纳人员应及时登记库存现金和银行存款日记账，做到"日清月结"，确保会计资料真实完整。

（二）各部门在费用报销时应切实做好报销单据的填列工作，财务部门应加强对相关单据的审核，确保会计资料的完整和公司内控制度有效的运行。

（三）购建固定资产要及时办理入账手续，建立、健全资产管理制度，定期或者不定期进行清查盘点，保证账账相符，账实相符。

审计组组长：×××

审计组成员：×××、×××

2013 年 4 月 15 日

简评：内部审计是为组织内部服务的，因而内部审计报告在格式上较政府审计和注册会计师审计而言，更加灵活。此篇内部审计报告在内容上属于财务收支情况的审计报告。报告开头阐述了审计依据、审计范围、审计方式、起止时间及责任划分等内容。主体部分首先对上年本公司年度财务收支及资产负债情况进行了简单介绍，其后重点对审计中发现的问题进行了陈述，并针对问题提出了具体的审计建议。最后，具明审计组人员姓名及审计报告出具的时间。全文思路清晰、结构完整。

任务实施

练一练

1. 江南公司审计部派出以古月为组长、过明明、刘丽云为组员的审计组，于2013年4月1日至4月20日，对公司上年度财务收支情况进行审计。审计中，审计人员注意到下列事项：

（1）4月16日下午4点，审计人员对公司库存现金进行突击盘点，盘点结果如下

① 人民币：100元币8张、50元币20张、5元币18张、1元币12张、5角币28张、2角币10张、1角币12张。

② 库存现金日记账的余额为1 653.20元。

③4月16日，已办理收款手续，尚未入账的现金收款凭证金额为860元；已办理付款手续，尚未入账的现金付款凭证为780元。

④4月5日出纳以白条借给某职工现金800元。

⑤ 银行核定的库存现金限额为1 000元。

（2）2012年3月22#凭证库存现金支付大华公司办公用品65 000元；2012年8月19#凭证库存现金支付利升公司房租款42 000元。

（3）4月18日，对库存物资进行监盘，相关资料如下：

存货名称	财务明细账数量	仓库明细账数量	单价（元）	实际监盘数量
A产品	35套	30套	3 500	30套
B材料	1 600公斤	1 700公斤	2.5	1 700公斤

经查A产品差异的原因为产品已出库，但仓库未及时将单据传递至财务部；B材料差异的原因是材料入库后财务部没有及时登记财务明细账。此外，在查阅仓库资料时发现，仓库上任保管员于2012年8月31日离职并进行了移交，但未进行全面盘点。

（4）公司采用完工百分比法确认合同收入和合同费用，按累计实际发生的合同成本占合同预计总成本的比例确定合同完工程度，2012年1月与×公司签订一份总金额为400 000元固定造价的建筑承包合同，合同预计总成本为350 000元。2012年实际发生成本252 000元，预计为完成该合同，公司尚需在下年度发生成本98 000元，该合同的结果能够可靠估计，但公司2012年未确认与该项合同相关的收入和成本。

要求：试根据上述资料说明公司存在哪些问题，并提出相应审计建议。

写一写

2．根据上述事项，结合下列所附材料，请代审计组拟写审计报告，要求格式正确、内容完备。

附件一

资产负债表

编制单位：江南公司　　2012 年 12 月 31 日　　单位：万元

资产	年末余额	年初余额	负债和股东权益	年末余额	年初余额
流动资产			流动负债		
货币资金	45	25	应付账款	398	106
交易性金融资产	10	5	流动负债合计	398	106
应收账款	398	199	非流动负债		
存货	125	236	长期借款	450	435
流动资产合计	578	465	非流动负债合计	450	435
非流动资产			负债合计		
长期股权投资	30	0	股东权益		
固定资产	1 230	945	股本	300	300
无形资产	8	8	未分配利润	698	577
非流动资产合计	1 268	953	所有者权益和合计	998	877
资产总计	1 846	1 418	负债和股东权益合计	1 846	1 418

附件二

利润表

编制单位：江南公司　　2012 年　　单位：万元

项　目	本年金额	上年金额
一、营业收入	3 000	2 850
减：营业成本	2 450	2 396
营业税金及附加	26	25
销售费用	22	20
管理费用	42	38
财务费用	95	86
二、营业利润	365	285
加：营业外收入	45	70
减：营业外支出	43	75
三、利润总额	367	280
减：所得税费用	102	82
净利润	265	198

任务八　撰写财务分析报告

任务导入

无锡市江南公司财务部出纳兼公司文员古月，已经在公司工作了两年多，积累了一定的经验，平时踏实勤奋，赢得了领导同事的一致肯定，所以财务部经理将撰写上半年财务分析报告的任务交给了古月。这是古月第一次独立撰写财务分析报告，请你帮帮古月吧！

任务要求

- 了解财务分析报告的性质及特点；
- 了解财务分析的方法，掌握财务分析报告的写作思路；
- 能够根据相关要求独立撰写财务分析报告。

知识准备

一、财务分析报告的性质及分类

财务分析报告属于经济活动分析报告的范畴，是对在一定时期内企业财务活动状况进行分析的基础上反映分析结果和评价意见的应用文体，又称财务情况说明书。

财务分析报告按照时间分，可以分为定期分析报告和非定期分析报告，定期分析报告的具体时限可以根据公司需要和要求来定；按照编写的内容范围分，财务分析报告可以分为综合分析报告、专题分析报告和简要分析报告。

此外，财务分析报告还有典型财务分析报告和财务预测报告之分。前者是分析与财务活动有关的、重大的、突出的、有普遍意义的典型事例所写的报告，常用第三人称。后者也称为可行性预测报告，是企业在某一特定时期或对某一经营业务的财务成果进行预测时所写的报告。

资料卡

财务分析报告的分类

综合分析报告：又称全面分析报告，内容丰富、涉及面广、影响深远。

专题分析报告：即单项分析报告，是针对企业经营管理中的关键问题、重大经济举措或薄弱环节等专门分析形成的书面报告，不受时间限制，易于被经营管理者接受，收效快。

简要分析报告：对主要经济指标在一定时期内存在的问题，进行概要的分析而形成的书面报告。

二、财务分析报告的特点

财务分析报告和其他经济活动分析报告相比较，有其自身特点。

1. 同比性

财务分析报告的同比性即以实际资料同企业经营财务状况的标准资料进行对比，寻找企业实际与标准指标或资料的差异。财务分析报告最常用的方法就是比较法。

2. 真实性

财务分析报告的主要作用是供领导正确决策之用，所以，材料的真实性至关重要。任何虚假的材料都会导致判断的失误，进而导致决策的错误而给企业带来经营风险。

3. 议论性

财务分析报告的主要表达方式是议论，其他的记叙、说明等都是为议论服务的，最后的结论也是建立在议论分析的基础上的，所以，夹叙夹议是最佳的表述方式。

三、财务分析的方法

财务分析的方法主要有比较分析法、因素分析法和比率分析法。

1. 比较分析法

比较分析法是对两个或几个有关的可比数据进行对比，揭示差异和矛盾的一种分析方法。按分析比较对象不同可分为与本公司历史比（趋势分析），与同类公司比（横向比较），与计划预算比（预算差异分析）等。

2. 因素分析法

因素分析法是通过分析影响财务指标的各个因素，并计算其对指标的影响程度，同时说明本期实际与计划或基期相比，财务指标发生变动或者差异产生的主要原因的一种分析方法。因素分析法适用于多种因素构成的综合性指标的分析。由于在分析时要逐次进行各因素有序替代，又称“连环替代法”。

3. 比率分析法

比率分析法是指将同一会计报表的不同项目之间，或是不同会计报表的有关项目之间进行对比，用计算出的比率来反映各个项目之间的相互关系，借此来评价企业的财务状况和经营成果的一种分析方法。采用比率分析法，可以把某些条件下不可比的指标，变为具有可比性的指标，因此在企业经营分析中具有特殊的重要意义。

四、财务分析报告的写作

财务分析报告一般是由标题、正文、落款三部分构成。

1. 标题

财务分析报告的标题一般是由单位或企业的名称、时限、分析内容和文种四项构成，如《××公司 2012 年度财务分析报告》。有时可以根据需要省略其中的某个部分，有的专题分析报告为了突出重点，也会直接用建议或意见做标题，如《关于节支增收、扭亏增盈的意见》。

2. 正文

正文是财务分析报告的主体部分，一般由开头、主体、结尾三个部分组成。常用的格式是条文与表格相结合的综合样式。

（1）开头

正文的开头，又称引言，是以简练的语言概括介绍报告期内财务活动所取得的主要成绩或存在的主要问题，并进行总的评价。这部分内容以概述为主，同时要用具体的数据和指标进行说明，为下面的分析做好铺垫。

（2）主体

主体是财务分析报告的核心部分，主要是对各项指标完成情况以及相关的工作加以说明，对影响指标增减变化的原因进行分析。

主体部分可以分为说明段、分析段、评价段。说明段主要是对公司运营及财务现状的介绍。该部分要求文字表述恰当、数据引用准确。分析段是对公司的经营情况进行分析研究。在说明问题的同时还要分析问题，寻找问题的原因和症结，以达到解决问题的目的。评价段是做出财务说明和分析后，对于经营情况、财务状况、盈利业绩，从财务角度给予公正、客观的评价和预测。

资料卡

财务分析段的内容

盈利能力分析：指对报告期内企业利用经济资源获取收益能力的分析，指标主要包括销售毛（净）利率、总资产报酬率、净资产收益率等。

营运能力分析：指企业资产管理效率的分析。主要指标包括：应收账款周转率、营运资本周转率，总资产周转率。

偿债能力分析：指企业偿还到期债务（包括本息）能力的分析。偿债能力分析包括短期偿债能力和长期偿债能力分析。短期偿债能力指标包括：流动比率、速动比率、现金比率等。长期偿债能力指标包括：资产负债率、利息保障倍数。

发展能力分析：销售增长率、资本积累率、总资产增长率。

（3）结尾

结尾是财务人员在对经营运作、投资决策进行分析后形成的意见和看法，特别是对经营运作过程中存在的问题所提出的改进建议。

3. 落款

财务分析报告的落款包括撰写财务报告的部门名称和日期，写在正文的右下方。

五、财务分析报告的写作注意事项

① 要明确报告阅读的对象及报告分析的范围。报告阅读对象不同，那么，报告的侧重点和语言都应该因人而异。报告分析的范围不同，分析的内容也应该稍作调整。

② 要了解读者对信息的需求，因而在撰写前要充分领会领导所需要的信息是什么。财务分析报告是要为业务服务的，没有针对性的财务分析报告是起不到应有的作用的。

③ 要有清晰的框架和分析思路。财务分析报告的框架一般为：报告目录—重要提示—报告摘要—具体分析—问题重点综述及相应的改进措施。

④ 要与公司经营业务紧密结合。撰写者应深刻领会财务数据背后的业务背景，才能切实揭示业务过程中存在的问题，提出有针对性的建议、措施，从而有效地挖掘企业潜力，提高管理水平。

资料卡

财务分析报告的框架

报告目录：告知阅读者报告所涉及的内容及所在的页码。

重要提示：对报告中新增的内容或必须引起重大关注的问题做提前说明。

报告摘要：报告的高度浓缩，一定要言简意赅。

具体分析：分析要条理清楚，层层分解，环环相扣，各方面内容有着紧密的联系。

问题重点综述及相应的改进措施：对之前报告中问题的跟踪汇报和对本期报告中问题的集中阐述。

范文赏析

××公司××年度财务分析报告

××公司董事会：

××年度，我公司在全市经济持续稳步发展的形势下，坚持以提高效益为中心，以搞活经济强化管理为重点，深化企业内部改革，进一步完善了企业内部经营机制，销售收入实现××万元，比去年同期增长××%，净利润实现××万元，比去年同期增长×%，并在取得良好经济效益的同时，取得了较好的社会效益。

（一）主要经济指标完成情况

本年度商品销售收入为××万元，比上年增加××万元。净资产收益率为××%，比上年的××%略有提高。全年毛利率达到××%，比上年提高××%。销售费用率本年实际为××%，比上年升高×%。全年实现利润××万元，比上年增长×%。（注：以上可列表说明）

（二）财务情况分析

1．销售收入情况

全年度销售收入总额比上年增加××万元，增长率为×%。在销售收入增加中，因为价格下降导致收入减少××万元。价格下降的原因主要为了扩大销售量，提高公司产品竞争力。

2．销售成本情况

公司本年度销售成本总额比上年增长××万元，增长率为×%。因为销售增长××%而导致成本增加××万元，因为生产成品增加而导致销售成本增加××万元。

3．管理费用（销售费用）水平情况

公司管理费用总额比上年增加××万元，费用水平上升××%。其中，运杂费增加××万元；职工薪酬增加××万元。从变化因素看，主要是由于公司政策因素影响。

4．资金营运情况

××年12月31日，全部资金占用额为××万元。

（三）财务情况总体评价

1．经营情况综合评价（略）

2．盈利能力评价（略）

3．财务风险评价（偿债能力评价、现金流）（略）

4．资产管理能力评价（略）

5．未来发展能力评价（略）

（四）存在的问题和建议

问题之一：资金占用增长过快，结算资金占用比重较大。

建议：各级管理部门要引起重视，应抽出专人成立清收小组，积极回收，也可将奖金和工资同回收货款挂钩，调动回收人员积极性。同时，要求各部门经理要严格控制赊销商品管理，严防新的三角债产生。

问题之二：经营性亏损部门有增无减，亏损额不断增加。全公司未弥补亏损额高达××万元，比去年大幅度上升。

建议：公司管理层要加强对亏损子公司的整顿和管理，做好扭亏转盈工作。

问题之三：产品生产成品控制不力，存在不同程度的生产浪费情况。

建议：略

××公司财务部

2013年×月×日

简评：范文中撰写的是一则财务分析报告，虽然省略了许多内容，但是，基本的思路很清晰，按照财务分析报告的一般格式来写，条理清楚，格式规范。

财务分析报告写作的参考模板：

××公司××年度财务分析报告

开头：内容概述

主体：说明段

分析段

评价段

结尾：建议段

×××××××

××××年×月×日

任务实施

练一练

1．请分析第2题中的财务分析报告用到了哪些财务分析方法。

2．根据财务分析报告的写作方法，分析下面的这篇财务报告有何优点，又有哪些不足。

××公司1-7月份财务分析报告

×××有限公司董事会：

我司于×××年×月正式投产，在董事会的正确决策及总经理室的经营管理下，公司业务稳步增长，自×月投产至7月末，累计生产外贸服装××万件，销售服装××万件，实现销售收入×××万元，总资产规模由年初的×××万元增长到×××万元，翻了一番。

（一）主要经济指标完成情况

1-7月实现销售收入×××元，其中经销收入××万元，加工收入×××万元。实现销售利润××万元，销售利润率为×%，三大费用为××万元，经营性亏损为××万元，应收账款周转天数×××天，存货周转天数×××天，总资产增长率为××%。

（二）主要财务情况分析

1. 盈利能力分析

×××年1-7月份，实现销售收入××万元，销售成本××万元，销售毛利为×万元，毛利率为10%，低于15%的行业平均毛利率水平，三大费用（经营费用、管理费用、财务费用）合计额为××万元，占销售收入的×%。从费用水平看，是比正常水平偏高了一点，但考虑到三大费用具有一定的刚性，维持企业正常运转，必然产生的一定的营业费用、管理费用和财务费用，随着业务量的拓展，从绝对值来看还会进一步增长，所以说单纯降低费用消耗水平，并非是提高企业经济效益的主要途径。若结合应收账款周转率、存货周转率及流动资产周转率等指标（详见营运能力指标分析），可以看出，加速资金周转，减少存货及应收账款资金占用，才是当前企业经营管理亟待解决的一个关键问题。从 7 月末存货资产占用×××万元来看，远远高于维持企业生产经营所需要的水平。从 10%的毛利率水平来看，确实不高，但考虑到我公司是新开办企业，生产经营还处在磨合期，尤其 4 月份是外贸服装企业的淡季，所接订单的工价不甚理想，只求维持一定生产业务量，稳定员工队伍。另外从成本角度来看，以缝制车间为例，我司职工的劳动生产率水平（或单位台产水平）并不高，根据测时记录与车间实际完成工时比较来看，1-7 月份缝制车间平均只能完成标准工时（即测时工时）的 90%还不到，为了稳定员工，还是给予相对较高的工资水准，增加了单位产品的人工成本，从而降低了毛利率水平。

这里面有新老工人技能水平差异的问题，也有经营与生产脱节，经营计划与生产调度不协调的问题。经营与生产本来就是一对矛盾，是企业生存发展的双刃剑，在以经营为中心的前提下，如何协调和处理好两者之间的关系，这是企业经营管理层应当研究的一个重要课题。

同时我们也应注意到，经过近半年的不断磨合、调整，缝制车间的台产稳步增长，标准工时完成程度由起初的 82%左右提升到目前的 97%左右的水平，提升了近 15 个百分点；但同时由于进入夏季高温季节，水电等费用成倍增长，抵消了一部分劳动生产率提高所降低的成本，毛利率水平并没有显著提高。

因此我们认为，目前的经营亏损是暂时性的，在正常合理的范围之内，是可控的，通过提高技术、管理水平、加强经营与生产的协调，实现计件考核制，合理拉开职工收入差距，调动职工的积极性，进一步提高劳动生产率，发展优良客户，缩短结算周期及加快资金回笼速度，确保到×××年末达到盈亏平衡，力争略有资金积累。

2. 营运能力分析

由于我司没有自营进出口，是单纯的服装加工型企业，结算周期较长，是此类企业的特点。再加上我司投产初期，正处于服装行业的淡季，为了维持企业的正常生产水平，稳定员工队伍，甚至接三手订单，导致资金回笼慢，周转失衡。再加上由于企业基本建设及设备投资超付出，平均每月至少要××万元左右资金来支付基建及设备欠款，给企业生产经营带来了很大的资金压力，虽然 5 月份向××行融资××万元，也只能解燃眉之急、一时之渴。

从应收账款周转速度来看，我司 1-7 月份应收账款平均周转率为 1 年 6 次不到；从周转周期来看，应收账款平均周转天数为××天，远高于 30～45 天的行业正常水平，导致资金周转困难，经常出现资金缺口。

从企业发展态势来看，5月始，我司经营逐渐走向良性循环，订单工价提高，资金回笼加快，至7月末，××万元的应收账款中有一半是3月份生产出运的订单（其中：××客户×万元，××客户×万元，××客户×万元），当前只有将这部分应收账款尽快解决，企业资金压力才能有所减轻，资金周转速度才能显著提高。

3. 偿债能力分析

如果说，营运能力指标体现了企业的经营风险，那么偿债能力指标则体现了一个企业的财务风险。从流动比（流动资产与流动负债的比值）这个指标来看，7月末我司的流动比为0.65，表明企业的流动资产不足以支付流动负债，但考虑到流动负债中有×××万元是母公司投入的资金（暂未办验资增资手续），不是实际对外负债 。扣除股东借款后的流动比将近1，即流动资产勉强能够支付流动负债，企业的短期债务偿还能力存在一定的风险。

事实表明，我司自开业至今流动资金一直处于紧张状态，这也是处于扩张期的新办企业普遍存在的问题，目前也只有通过缩短结算周期，加速资金回笼才能缓解这一矛盾。如企业能按目前趋势正常发展，计划至今年年底将基建及设备款项基本支付完毕，明年企业即能轻装上阵。

结论：综上所述，我司自投产开业以来，生产业务量稳步增长，正处于飞速扩张阶段，在不到半年的时间里，总资产规模较年初翻了一番，但同时也面临着资金短缺、劳动生产率较低、经营与生产失调、存在着一定的经营风险与财务风险的问题，但只要管理层及全体职工同心协力，不折不扣地落实董事会的经营方略，沿着磨合、调整、稳定、发展的经营思路，弘扬团结、创新、务实、高效的企业精神，在技术、管理、经营上更上新的一层台阶，力争到本年底扭亏为盈，为明年公司的进一步发展打下良好的基础。

报告人：××

××年×月×日

一想一想

3．请你思考一下，如何才能写好一份财务分析报告。

写一写

4．无锡市江南集团公司财务处古月，要写一份第二季度的财务分析报告，董事会需要了解公司本季度的财务状况，以便为下季度的公司营运做出正确的决策。

请根据这个情况，根据下面相关的材料和数据，撰写一份财务分析报告。

（1）资产负债表分析

项目	时间		增减额	增减率
	2013年4月	2013年6月		
流动资产	86 118.26	159 232.85	73 114.59	84.90%
非流动资产	17 495.22	40 693.03	23 197.81	132.60%
资产总计	103 613.48	199 925.88	96 312.40	92.95%
流动负债	76 154.14	160 437.79	84 283.64	110.68%
非流动负债	37.50	168.44	130.94	349.17%
负债合计	76 191.64	160 606.22	84 414.58	110.79%
所有者权益	27 421.83	39 319.65	11 897.82	43.39%

（2）利润表分析

项目	本季度数			增减额	增减率
		本年累计	同期累计		
营业收入	72 183.41	300 529.25	126 656.40	173 872.85	137.28%
营业成本	56 625.25	243 560.08	103 475.63	140 084.46	135.38%
营业税金及附加	34.14	836.12	583.00	253.12	43.42%
销售费用	9 206.35	36 308.05	15 263.08	21 044.96	137.88%
管理费用	3 909.97	10 023.08	3 359.67	6 663.41	198.34%
财务费用	52.71	290.98	-670.88	961.86	143.37%
营业利润	2 439.25	9 776.73	4 859.24	4 917.49	101.20%
利润总额	2 509.69	9 906.00	4 935.68	4 970.32	100.70%
净利润	1 634.39	7 851.99	4 215.94	3 636.05	86.25%

（3）基本情况

2013 年 4 月，演示单位本季度实现营业收入 72 183.41 万元，累计实现营业收入 300 529.25 万元，去年同期实现营业收入 126 656.40 万元，同比增加 137.28%；本季度实现利润总额 2 509.69 万元，累计实现利润总额 9 906.00 万元，较去年同期增加 100.70%；本季度实现净利润 1 634.39 万元，累计实现净利润 7 851.99 万元，较去年同期增加 86.25%。

附录A

党政机关公文处理工作条例

中办发〔2012〕14号

第一章 总则

第一条 为了适应中国共产党机关和国家行政机关（以下简称党政机关）工作需要，推进党政机关公文处理工作科学化、制度化、规范化，制定本条例。

第二条 本条例适用于各级党政机关公文处理工作。

第三条 党政机关公文是党政机关实施领导、履行职能、处理公务的具有特定效力和规范体式的文书，是传达贯彻党和国家方针政策，公布法规和规章，指导、布置和商洽工作，请示和答复问题，报告、通报和交流情况等的重要工具。

第四条 公文处理工作是指公文拟制、办理、管理等一系列相互关联、衔接有序的工作。

第五条 公文处理工作应当坚持实事求是、准确规范、精简高效、安全保密的原则。

第六条 各级党政机关应当高度重视公文处理工作，加强组织领导，强化队伍建设，设立文秘部门或者由专人负责公文处理工作。

第七条 各级党政机关办公厅（室）主管本机关的公文处理工作，并对下级机关的公文处理工作进行业务指导和督促检查。

第二章 公文种类

第八条 公文种类主要有：

（一）决议。适用于会议讨论通过的重大决策事项。

（二）决定。适用于对重要事项作出决策和部署、奖惩有关单位和人员、变更或者撤销下级机关不适当的决定事项。

（三）命令（令）。适用于公布行政法规和规章、宣布施行重大强制性措施、批准授予和晋升衔级、嘉奖有关单位和人员。

（四）公报。适用于公布重要决定或者重大事项。

（五）公告。适用于向国内外宣布重要事项或者法定事项。

（六）通告。适用于在一定范围内公布应当遵守或者周知的事项。

（七）意见。适用于对重要问题提出见解和处理办法。

（八）通知。适用于发布、传达要求下级机关执行和有关单位周知或者执行的事项，批转、转发公文。

（九）通报。适用于表彰先进、批评错误、传达重要精神和告知重要情况。

（十）报告。适用于向上级机关汇报工作、反映情况，回复上级机关的询问。

（十一）请示。适用于向上级机关请求指示、批准。

（十二）批复。适用于答复下级机关请示事项。

（十三）议案。适用于各级人民政府按照法律程序向同级人民代表大会或者人民代表大会常务委员会提请审议事项。

（十四）函。适用于不相隶属机关之间商洽工作、询问和答复问题、请求批准和答复审批事项。

（十五）纪要。适用于记载会议主要情况和议定事项。

第三章 公文格式

第九条 公文一般由份号、密级和保密期限、紧急程度、发文机关标志、发文字号、签发人、标题、主送机关、正文、附件说明、发文机关署名、成文日期、印章、附注、附件、抄送机关、印发机关和印发日期、页码等组成。

（一）份号。公文印制份数的顺序号。涉密公文应当标注份号。

（二）密级和保密期限。公文的秘密等级和保密的期限。涉密公文应当根据涉密程度分别标注“绝密”“机密”“秘密”和保密期限。

（三）紧急程度。公文送达和办理的时限要求。根据紧急程度，紧急公文应当分别标注“特急”“加急”，电报应当分别标注“特提”“特急”“加急”“平急”。

（四）发文机关标志。由发文机关全称或者规范化简称加“文件”二字组成，也可以使用发文机关全称或者规范化简称。联合行文时，发文机关标志可以并用联合发文机关名称，也可以单独用主办机关名称。

（五）发文字号。由发文机关代字、年份、发文顺序号组成。联合行文时，使用主办机关的发文字号。

（六）签发人。上行文应当标注签发人姓名。

（七）标题。由发文机关名称、事由和文种组成。

（八）主送机关。公文的主要受理机关，应当使用机关全称、规范化简称或者同类型机关统称。

（九）正文。公文的主体，用来表述公文的内容。

（十）附件说明。公文附件的顺序号和名称。

（十一）发文机关署名。署发文机关全称或者规范化简称。

（十二）成文日期。署会议通过或者发文机关负责人签发的日期。联合行文时，署最后签发机关负责人签发的日期。

（十三）印章。公文中有发文机关署名的，应当加盖发文机关印章，并与署名机关相符。有特定发文机关标志的普发性公文和电报可以不加盖印章。

（十四）附注。公文印发传达范围等需要说明的事项。

（十五）附件。公文正文的说明、补充或者参考资料。

（十六）抄送机关。除主送机关外需要执行或者知晓公文内容的其他机关，应当使用机关全称、规范化简称或者同类型机关统称。

（十七）印发机关和印发日期。公文的送印机关和送印日期。

第十条 公文的版式按照《党政机关公文格式》国家标准执行。

第十一条 公文使用的汉字、数字、外文字符、计量单位和标点符号等，按照有关国家标准和规定执行。民族自治地方的公文，可以并用汉字和当地通用的少数民族文字。

第十二条 公文用纸幅面采用国际标准 A4 型。特殊形式的公文用纸幅面，根据实际需要确定。

第四章 行文规则

第十三条 行文应当确有必要，讲求实效，注重针对性和可操作性。

第十四条 行文关系根据隶属关系和职权范围确定。一般不得越级行文，特殊情况需要越级行文的，应当同时抄送被越过的机关。

第十五条 向上级机关行文，应当遵循以下规则：

（一）原则上主送一个上级机关，根据需要同时抄送相关上级机关和同级机关，不抄送下级机关。

（二）党委、政府的部门向上级主管部门请示、报告重大事项，应当经本级党委、政府同意或者授权；属于部门职权范围内的事项应当直接报送上级主管部门。

（三）下级机关的请示事项，如需以本机关名义向上级机关请示，应当提出倾向性意见后上报，不得原文转报上级机关。

（四）请示应当一文一事。不得在报告等非请示性公文中夹带请示事项。

（五）除上级机关负责人直接交办事项外，不得以本机关名义向上级机关负责人报送公文，不得以本机关负责人名义向上级机关报送公文。

（六）受双重领导的机关向一个上级机关行文，必要时抄送另一个上级机关。

第十六条 向下级机关行文，应当遵循以下规则：

（一）主送受理机关，根据需要抄送相关机关。重要行文应当同时抄送发文机关的直接上级机关。

（二）党委、政府的办公厅（室）根据本级党委、政府授权，可以向下级党委、政府行文，其他部门和单位不得向下级党委、政府发布指令性公文或者在公文中向下级党委、政府提出指令性要求。需经政府审批的具体事项，经政府同意后可以由政府职能部门行文，文中须注明已经政府同意。

（三）党委、政府的部门在各自职权范围内可以向下级党委、政府的相关部门行文。

（四）涉及多个部门职权范围内的事务，部门之间未协商一致的，不得向下行文；擅自行文的，上级机关应当责令其纠正或者撤销。

（五）上级机关向受双重领导的下级机关行文，必要时抄送该下级机关的另一个上级机关。

第十七条 同级党政机关、党政机关与其他同级机关必要时可以联合行文。属于党委、政府各自职权范围内的工作，不得联合行文。党委、政府的部门依据职权可以相互行文。部门内设机构除办公厅（室）外不得对外正式行文。

第五章 公文拟制

第十八条 公文拟制包括公文的起草、审核、签发等程序。

第十九条 公文起草应当做到：

（一）符合国家法律法规和党的路线方针政策，完整准确体现发文机关意图，并同现行有关公文相衔接。

（二）一切从实际出发，分析问题实事求是，所提政策措施和办法切实可行。

（三）内容简洁，主题突出，观点鲜明，结构严谨，表述准确，文字精炼。

（四）文种正确，格式规范。

（五）深入调查研究，充分进行论证，广泛听取意见。

（六）公文涉及其他地区或者部门职权范围内的事项，起草单位必须征求相关地区或者部门意见，力求达成一致。

（七）机关负责人应当主持、指导重要公文起草工作。

第二十条 公文文稿签发前，应当由发文机关办公厅（室）进行审核。审核的重点是：

（一）行文理由是否充分，行文依据是否准确。

（二）内容是否符合国家法律法规和党的路线方针政策；是否完整准确体现发文机关意图；是否同现行有关公文相衔接；所提政策措施和办法是否切实可行。

（三）涉及有关地区或者部门职权范围内的事项是否经过充分协商并达成一致意见。

（四）文种是否正确，格式是否规范；人名、地名、时间、数字、段落顺序、引文等是否准确；文字、数字、计量单位和标点符号等用法是否规范。

（五）其他内容是否符合公文起草的有关要求。

需要发文机关审议的重要公文文稿，审议前由发文机关办公厅（室）进行初核。

第二十一条 经审核不宜发文的公文文稿，应当退回起草单位并说明理由；符合发文条件但内容需作进一步研究和修改的，由起草单位修改后重新报送。

第二十二条 公文应当经本机关负责人审批签发。重要公文和上行文由机关主要负责人签发。党委、政府的办公厅（室）根据党委、政府授权制发的公文，由受权机关主要负责人签发或者按照有关规定签发。签发人签发公文，应当签署意见、姓名和完整日期；圈阅或者签名的，视为同意。联合发文由所有联署机关的负责人会签。

第六章 公文办理

第二十三条 公文办理包括收文办理、发文办理和整理归档。

第二十四条 收文办理主要程序是：

（一）签收。对收到的公文应当逐件清点，核对无误后签字或者盖章，并注明签收时间。

（二）登记。对公文的主要信息和办理情况应当详细记载。

（三）初审。对收到的公文应当进行初审。初审的重点是：是否应当由本机关办理，是否符合行文规则，文种、格式是否符合要求，涉及其他地区或者部门职权范围内的事项是否已经协商、会签，是否符合公文起草的其他要求。经初审不符合规定的公文，应当及时退回来文单位并说明理由。

（四）承办。阅知性公文应当根据公文内容、要求和工作需要确定范围后分送。批办性公文应当提出拟办意见报本机关负责人批示或者转有关部门办理；需要两个以上部门办理的，应当明确主办部门。紧急公文应当明确办理时限。承办部门对交办的公文应当及时办理，有明确办理时限要求的应当在规定时限内办理完毕。

（五）传阅。根据领导批示和工作需要将公文及时送传阅对象阅知或者批示。办理公文传阅应当随时掌握公文去向，不得漏传、误传、延误。

（六）催办。及时了解掌握公文的办理进展情况，督促承办部门按期办结。紧急公文或者重要公文应当由专人负责催办。

（七）答复。公文的办理结果应当及时答复来文单位，并根据需要告知相关单位。

第二十五条 发文办理主要程序是：

（一）复核。已经发文机关负责人签批的公文，印发前应当对公文的审批手续、内容、文种、格式等进行复核；需作实质性修改的，应当报原签批人复审。

（二）登记。对复核后的公文，应当确定发文字号、分送范围和印制份数并详细记载。

（三）印制。公文印制必须确保质量和时效。涉密公文应当在符合保密要求的场所印制。

（四）核发。公文印制完毕，应当对公文的文字、格式和印刷质量进行检查后分发。

第二十六条 涉密公文应当通过机要交通、邮政机要通信、城市机要文件交换站或者收发件机关机要收发人员进行传递，通过密码电报或者符合国家保密规定的计算机信息系统进行传输。

第二十七条 需要归档的公文及有关材料，应当根据有关档案法律法规以及机关档案管理规定，及时收集齐全、整理归档。两个以上机关联合办理的公文，原件由主办机关归档，相关机关保存复制件。机关负责人兼任其他机关职务的，在履行所兼职务过程中形成的公文，由其兼职机关归档。

第七章 公文管理

第二十八条 各级党政机关应当建立健全本机关公文管理制度，确保管理严格规范，充分发挥公文效用。

第二十九条 党政机关公文由文秘部门或者专人统一管理。设立党委（党组）的县级以上单位应当建立机要保密室和机要阅文室，并按照有关保密规定配备工作人员和必要的安全保密设施设备。

第三十条 公文确定密级前，应当按照拟定的密级先行采取保密措施。确定密级后，应当按照所定密级严格管理。绝密级公文应当由专人管理。公文的密级需要变更或者解除的，由原确定密级的机关或者其上级机关决定。

第三十一条 公文的印发传达范围应当按照发文机关的要求执行；需要变更的，应当经发文机关批准。涉密公文公开发布前应当履行解密程序。公开发布的时间、形式和渠道，由发文机关确定。经批准公开发布的公文，同发文机关正式印发的公文具有同等效力。

第三十二条 复制、汇编机密级、秘密级公文，应当符合有关规定并经本机关负责人批准。绝密级公文一般不得复制、汇编，确有工作需要的，应当经发文机关或者其上级机关批准。复制、汇编的公文视同原件管理。复制件应当加盖复制机关戳记。翻印件应当注明翻印的机关名称、日期。汇编本的密级按照编入公文的最高密级标注。

第三十三条 公文的撤销和废止，由发文机关、上级机关或者权力机关根据职权范围和有关法律法规决定。公文被撤销的，视为自始无效；公文被废止的，视为自废止之日起失效。

第三十四条 涉密公文应当按照发文机关的要求和有关规定进行清退或者销毁。

第三十五条 不具备归档和保存价值的公文，经批准后可以销毁。销毁涉密公文必须严格按照有关规定履行审批登记手续，确保不丢失、不漏销。个人不得私自销毁、留存涉密公文。

第三十六条 机关合并时，全部公文应当随之合并管理；机关撤销时，需要归档的公文经整理后按照有关规定移交档案管理部门。

工作人员离岗离职时，所在机关应当督促其将暂存、借用的公文按照有关规定移交、清退。

第三十七条 新设立的机关应当向本级党委、政府的办公厅（室）提出发文立户申请。经审查符合条件的，列为发文单位，机关合并或者撤销时，相应进行调整。

第八章 附则

第三十八条 党政机关公文含电子公文。电子公文处理工作的具体办法另行制定。

第三十九条 法规、规章方面的公文，依照有关规定处理。外事方面的公文，依照外事主管部门的有关规定处理。

第四十条 其他机关和单位的公文处理工作，可以参照本条例执行。

第四十一条 本条例由中共中央办公厅、国务院办公厅负责解释。

第四十二条 本条例自 2012 年 7 月 1 日起施行。1996 年 5 月 3 日中共中央办公厅发布的《中国共产党机关公文处理条例》和 2000 年 8 月 24 日国务院发布的《国家行政机关公文处理办法》停止执行。

中共中央办公厅 国务院办公厅

2012 年 4 月 12 日

反侵权盗版声明

举报电话：（010）88254396；（010）88258888

传　　真：（010）88254397

E-mail:　　dbqq@phei.com.cn

通信地址：北京市海淀区万寿路 173 信箱

电子工业出版社总编办公室

邮　　编：100036